AF328868

Ainsi font, font, font…

Ainsi font, font, font…

*Carnets de voyage en pays bonobo
et autres contrées merveilleuses*

Marie-Noëlle Garric

ISBN : 978-2-37011-350-4
Éditions Hélène Jacob – 13 Impasse Victor Gesta – 31200 Toulouse
Imprimé par Ingram
11,90 €
Dépôt Légal Septembre 2015

Design couverture : Jérémy Calli

Toute ressemblance avec des personnes vivantes ou ayant existé est loin d'être fortuite ou hasardeuse. Tout ce qui est conté ici est presque aussi véridique qu'authentique.

« La réalité dépasse la fiction, car la fiction doit contenir la vraisemblance, mais non pas de la réalité. »
Mark Twain

Aux Bonobos...

1 – Humidité

Merde… Qu'est-ce qui m'arrive ? Le portable sonne le réveil, je pose un pied à terre et tout tangue. Comme la fois où, après un stage aux Glénans, j'avais à nouveau retrouvé la terre ferme et où le dallage du port s'était mis à onduler sous mes pas. L'oreille interne, m'avait-on dit, s'était habituée à la houle et il lui fallait un temps de réadaptation au plancher des mouettes et des cormorans posés sur la jetée. Mais je n'ai pas passé la nuit sur un vieux gréement. Juste avec un rêve pourri où les élèves quittaient le cours avant l'heure parce qu'ils s'ennuyaient. Sans pathos, sans éclats, comme une évidence. Un simple rapport cause-conséquence.

Et une drôle d'envie de vomir commence à m'envahir. Je suis une esthète en la matière. Pour avoir le mal de mer, je n'ai pas besoin de croisière sur un rafiot, il me suffit de peu de choses : une balancelle dans un jardin, un métro moderne qui glisse sur ses rails, l'arrière d'une voiture… J'ai déjà eu un haut-le-cœur en regardant *Thalassa*, pour peu que la caméra s'attarde sur un roulis prononcé, et je me rappelle avoir passé la projection de *Rosetta* des frères Dardenne les yeux fermés, les mains crispées sur les accoudoirs, l'estomac ravagé par les effets de caméra portée. Je suis une spécialiste de la gerbe, du vomi… mais là, je ne comprends pas. On dirait que pour une fois, l'écœurement contamine mes glandes lacrymales. Je pleure, mouche, morve et recommence plusieurs fois ce cycle aussi stérile que ridicule, assise sur mon lit. Puis, lassée par ce débordement d'activité humide, je me lève et, entre deux nausées, appelle un médecin pour qu'il me débarrasse de cet afflux incontrôlé de liquides variés.

« Comment allez-vous ? » me demande-t-il, l'air compatissant devant mes allées et venues aux toilettes et mes hoquets désespérés. Comprenant que je ne peux répondre, il rédige seul son diagnostic et son ordonnance, alors que par un réflexe obsolète d'éducation, je m'excuse de mon peu de collaboration chaque fois que j'émerge momentanément de la cuvette.

Puis j'arrive à balbutier « Je ne me sens pas bien du tout ! », avec une rare pertinence et quelques pleurs en prime. En plus d'un anti-vomitif et d'un antiroulis chimique, il rajoute un dernier anti : un antidépresseur, pensant qu'il n'est pas normal de vomir et pleurer et vice-versa, et que chez les enseignants, il faut être attentif à ce genre de symptômes. Il renonce à m'en demander davantage devant mes épanchements en tout genre et me conseille d'aller voir un psy pour lequel il me griffonne un numéro de téléphone.

Après son départ, je reste avec l'ordonnance et mon interrogation initiale : *qu'est-ce qui m'arrive ?*

Il a parlé de la fonction enseignante. De l'usure. De la fatigue nerveuse. À moins que ce ne soit moi qui l'aie pensé très fort. J'ai une image devant les yeux : celle de profs épaves de l'Éducation nationale, parqués dans des centres spécialisés, comme des zombies. Mon imagination galope, fouettée par les haut-le-cœur : il y a celui qui pleure à la seule vue d'un cartable, celui qui entre en transe chaque fois qu'il entraperçoit une photo d'écolier, celui qui avale un neuroleptique le dimanche soir en se demandant à quoi vont ressembler sa semaine et son sort. Va-t-il se la jouer sainte Blandine au milieu des lions à Fourvière ? Spartacus crucifié ? Loubard à l'ancienne avec une chaîne de vélo ? Ou désespérée au pistolet comme Isabelle Adjani dans *La journée de la jupe* ? Cramponnée à mon canapé et à ma cuvette en plastique, je bats la campagne. Mes souvenirs de carrière affluent comme des fourmis attirées par du sucre. Je classe, j'organise, je veux prendre du recul, je ne veux pas être déprimée. Mais c'est aux Bonobos que je pense en premier.

2 – Les mœurs des bonobos

C'est un collège privé au milieu d'un département cévenol. Les bâtiments ne manquent pas d'allure. Ils dominent la ville et sont visibles longtemps avant d'y accéder. De pierres brunes et ocre, ils présentent une symétrie parfaite. Chaque étage est en tout point semblable à l'étage suivant, même plan en T, même dallage noir et blanc. Une atmosphère de vieille institution. La directrice me reçoit, le cheveu en pétard, une jupe droite à l'ourlet décousu. Ses ongles peints en rose écaillé me fascinent, ils sont noirs comme si elle avait effectué de durs travaux de jardinage. Le mélange créé par d'évidents soins de manucure et l'absence de suivi dans la sophistication contribue à me mettre à l'aise. Elle parle de manière originale, avec une sorte de hauteur confuse, mâtinée de balourdises en forme de brèves de comptoir.

— Vous allez avoir des EIP, lâche-t-elle sur un ton confidentiel.

Puis, devant mon air crétin, elle précise :

— Nous avons des classes spécialisées en Élèves Intellectuellement Précoces. Des surdoués, quoi !

Comme mon idiotie semble s'aggraver, elle condescend à plus d'explications. Sa voix graillonne :

— Nous avons décidé de nous occuper de ces enfants que l'institution délaisse trop souvent, à tel point que certains sont en échec scolaire et, d'ailleurs, nous proposons deux types de parcours, l'un en trois ans, l'autre plus classique en quatre ans.

Elle articule avec ostentation, comme on le fait avec les sourds ou les étrangers :

— Et je vais vous confier une classe de troisième…

— Mais, je n'ai aucune expérience, dis-je dans ce qui me semble un bêlement.

— Vous en acquerrez, répond-elle, imparable. Parce qu'avant de commencer, comment voulez-vous en avoir ? C'est en forgeant…

… qu'on devient forgeron… Même le coiffeur du village de ma grand-mère n'aurait pas osé placer cette absurde banderille. Je ricane aussi désespérément qu'intérieurement.

Je me contente de répondre :

— Mais, est-ce qu'il faut une pédagogie particulière ?

— Je préfère vous dire d'y aller à l'instinct… Ils ne sont pas particulièrement travailleurs. Votre rôle sera de les réconcilier avec l'école.

Bon sang, mais c'est bien sûr ! Comment ne l'ai-je pas compris plus tôt ? Mes pensées se cognent fébrilement comme des balles de squash dans un aquarium.

La directrice brait pour ponctuer son discours et me donne rendez-vous pour la prochaine réunion professorale dans quelques jours.

— Ne vous faites pas de souci, vous allez rencontrer des collègues expérimentés, vous n'aurez qu'à leur demander conseil !

Puis elle me tend sa main de jardinier manucuré et, tandis qu'elle rejoint son fauteuil, je me rends compte que non seulement son ourlet est décousu, mais également que sous la fente de sa jupe étroite, sa culotte va bientôt apparaître.

Quelque temps après, je me prépare à rentrer dans la classe de 3ᵉ7. Je remplace une collègue partie à la retraite. En somme, c'est rassurant, je n'aurais pas aimé remplacer un dépressif et m'entendre dire, comme il y a très longtemps : « C'est eux ou c'est vous ! Alors, faites-leur comprendre que vous êtes le chef ». À l'époque, l'individu qui m'assénait cela se passait une main fiévreuse sur une calvitie en forme de tonsure ; il avait craqué un matin devant une classe de 6ᵉ, ni plus agitée ni moins studieuse qu'une autre. Il avait pris sa chaise perchée sur l'estrade et, en ricanant, il l'avait tournée face au mur, pour ne plus voir les élèves.

Je me dirige vers la 3ᵉ7, dans la branche gauche du T, au premier étage. La porte est entrouverte, j'entre. Ils sont vingt-six, vingt-trois garçons et trois filles. On m'expliquera plus tard que les filles précoces s'insèrent plus facilement dans l'enseignement traditionnel. Cinquante-deux yeux aux aguets me fixent. Ce sont des moments importants, où il ne faut pas se louper. Deux forces sont en présence et se demandent comment elles vont cohabiter pendant plusieurs mois. Une masse encore indistincte me fait face. Il y a une tension, une énergie dans l'air. Je commence par me présenter, j'explique le déroulement de l'année, les exigences, les objectifs, de la manière la plus rassurante possible. Je parle, je parle, je gesticule. Puis je m'arrête lorsque j'ai épuisé le carburant prévu. Je les regarde attentivement. Il y a presque le silence.

Un grand à lunettes lève le doigt. Je demande :

— T'as une question ?

— Ouais, mais elle n'a pas forcément un rapport avec le français, reprend l'asperge adolescente.

— Tu t'appelles comment ?

— Aladdin !

— Eh bien, vas-y, Aladdin ! Pose ta question.

Je m'attends à quelque chose d'incongru, dans le genre « Combien gagnez-vous ou pourquoi vous portez des boucles d'oreille en forme d'oiseaux », et j'entends :

— Madame, pourquoi les bonobos s'enculent ?

Un énorme éclat de rire tord la classe. Certains frappent avec leur règle sur le bureau en accompagnement frénétique. Il ne se passe rien de particulier dans mon cerveau, tout va trop vite, si ce n'est que je me mets en mode survie, c'est-à-dire que je sais que je dois reprendre la main, comme au poker après un bluff. Je m'écoute répondre :

— Attends… On va en profiter, avant que je ne réponde à ta question, pour apprendre à choisir son vocabulaire. « Enculer » est d'un niveau de langue familier, voire vulgaire. Repose-moi la question en employant un mot de niveau courant. Alors ?

— Ah… ?

Aladdin sourit, puis propose :

— Se faire mettre ?

— Faible et toujours familier, voire argotique. Et imprécis…

La classe bruisse, des voix fusent pour aider l'aimable dadais.

— Baiser ?

— Planter sa bite dans le cul ?

— Sodomiser ?

Je regarde le petit brun devant, qui vient d'apporter une glorieuse contribution à la séance collective d'enrichissement lexical, et j'enchaîne :

— Tu t'appelles comment ?

— Lazare…, répond-il en ricanant.

Une mèche de cheveux lui barre le front et il utilise son crayon comme une majorette son bâton, en le faisant virevolter entre ses doigts.

— Je crois que Lazare a trouvé le bon mot ! Aladdin, tu peux reposer ta question en utilisant « sodomiser » ?

L'asperge évanescente reprend, bon prince :

— Pourquoi les bonobos se sodomisent ?

Les hasards heureux de la vie font que j'ai lu pendant les vacances un livre magnifique sur les bonobos. J'ai en tête quelques-unes des nombreuses photos où ces charmants primates se livrent avec enthousiasme à leurs ébats sexuels. Je me lance.

— En fait, ils ne se contentent pas de se sodomiser ! Tout est bon pour eux… Masturbation, homosexualité, épouillage, et ils ne privilégient pas un orifice plutôt qu'un autre. Et pour répondre à ta question, Aladdin, ils font l'amour pour résoudre leurs conflits, adoucir leurs tensions, réguler leur vie sociale.

Je me lance ensuite dans une comparaison avec les chimpanzés. J'ai chaud, mais je ne m'en rends pas compte. J'ai vaguement conscience d'avoir quelque peu débordé de l'orthodoxie d'un cours de français. Qu'importe. Ils écoutent avec attention. La petite blonde frisée a levé son visage couché sur son bureau, le grand rougeaud du fond ne lit plus le livre posé sur ses genoux. Les commentaires fusent.

— On ferait bien de faire comme eux au lieu de s'emmerder ici !

— Aymeric a une gueule de chimpanzé…

— Ta gueule ! Connard…

La sonnerie retentit au moment où le débat tourne à l'aigre. Je range mes affaires. Deux ou trois élèves entourent mon bureau :

— Bravo, Madame !

— On a essayé de vous avoir, mais vous avez bien réagi !

Je ne sais ce que je réponds. Je suis épuisée. Plus tard, dans la salle des professeurs, on me demande comment s'est passé mon premier contact avec les EIP. Je raconte les bonobos.

De la discussion qui s'ensuivit, je ne garde à ce jour que peu de souvenirs. Je sentis juste que certains étaient heureux que ce type de foudre scolaire ne leur fût pas tombé dessus, certains compatirent avec sincérité, d'autres ne dirent rien, soit qu'ils s'en moquaient, soit qu'ils n'avaient pas de classe de précoces, soit qu'ils étaient choqués par mon comportement. Je terminai ma journée sans question inattendue. Le lendemain, sur le tableau de la 3ᵉ7 était écrit : « Vive les bonobos ! » Et c'est ainsi qu'ils se baptisèrent définitivement pendant les cours de français.

Je n'oublie rien de cette année-là. L'administration a pourvu toutes les classes de bureaux à géométrie variable.

Un système ingénieux de vis et d'écrous permet de régler la hauteur et l'inclinaison des tables. Désormais, je n'en verrai aucune ni à l'horizontale ni à la bonne hauteur. Gaspard a réglé le système de manière à ce que le pupitre arrive à hauteur de ses yeux. Lorsqu'il fait semblant d'écrire, ses mains se soulèvent en aveugle au niveau de ses oreilles. Lazare a préféré une inclinaison très accentuée vers la droite : y maintenir un cahier dessus relève de l'exploit. Fleur a réglé sa table à hauteur des genoux, elle écrit d'une manière torturée pendant que sa colonne vertébrale grimace de douleur. Aymeric a réussi le double exploit de l'inclinaison et de la hauteur fantasques : son bureau est dressé presque droit et ne lui fait plus face. Il y a scotché une poubelle faite d'une vieille copie et ses stylos sont suspendus par des ficelles à l'ensemble. On dirait une machine de Tinguely.

Le désordre est incroyable : le sol est encombré sur dix centimètres environ d'objets divers : boules de papier, T-shirts, chaussures, livres, médicaments, bouteilles d'eau, vieux sandwiches, magazines, constructions bizarres faites avec des rouleaux de papier hygiénique. Il est inutile que je sollicite platement « Prenez votre classeur ! » Parce que la plupart d'entre eux l'ont perdu, ou bien parce que les anneaux épuisés avant l'heure ont rendu l'âme et dégueulent leur contenu sur les couches de détritus qui encombrent le sol, détritus dont certains sont déjà en voie de fossilisation.

L'atmosphère est volatile à l'extrême. Pendant quelques instants, lorsque l'attention est soutenue, on avance à grands pas : jamais par une tranchée rectiligne, mais par des sentiers étranges. Puis tout peut s'arrêter dans une farce grimaçante et déstabilisante. On disserte sur les interactions du sens propre et du sens figuré. Je demande alors :

— Donnez-moi un exemple !

— Je baise ma mère.

Hubert a lâché sa phrase avec emphase. Massif, il occupe le fond de la classe, là où le désordre prend une dimension épique sur vingt centimètres. Son bureau ressemble à la description des mineurs que Zola fait dans Germinal : « Une masse compacte qui roulait d'un seul bloc, serrée, confondue, au point qu'on ne distinguait ni les culottes déteintes, ni les tricots de laine en loques, effacés dans la même uniformité terreuse. » Les autres le détestent et il le leur rend bien. Quand il rentre en classe, il bouscule, donne des coups de pied dans les cartables, traite les filles de pétasses. Je saurai plus tard, lors d'un conseil de discipline, que sa mère l'appelle « mon petit homme » et que son beau-père le considère comme un rival dangereux. Mais pour l'heure, aucun livre de pédagogie et aucune expérience ne m'ont préparée à donner une réponse adéquate à cet exemple de grammaire aussi terriblement pertinent.

La classe s'échauffe.

— C'est vrai, Madame ! Il la baise !

— Tous les week-ends !

— J'en ai rien à foutre, brame Hubert, et je vous emmerde tous !

— Hubert, ta vie privée ne nous intéresse pas et épargne-nous tes propos, dis-je aussi piteuse que désespérée.

Une bagarre s'enclenche entre Hubert et Aymeric, les deux protagonistes sortiront de la classe. Le soir, chez moi, la tête entre les mains, je me sentirai vide. Je réalise que j'ai vingt ans d'inexpérience.

Parfois encore, les bonobos étincellent. Je donne des exposés dans lesquels ils doivent expliquer aux autres un hobby, une passion, un loisir avec le plus de conviction possible. L'exercice leur plaît, ils excellent à l'oral. Thomas parle dix minutes, et sans notes, de sa passion pour le squelette humain ; Fleur, de la photo ; Camille, du ski nautique. Arrive le tour de Clément. Il a les nerfs perpétuellement à vif, ses camarades savent avec une férocité diabolique sur quel bouton appuyer pour le rendre fou et, quand ils n'y pensent pas, il crée l'événement tout seul dans un délire paranoïaque.

— Il a eu des attouchements sexuels sur moi ! hurle-t-il un jour en désignant Léo.

— Ça risque pas, t'es trop moche.

Donc, Clément est une sorte de grenade, toujours prête à se dégoupiller. Le jour J, il annonce qu'il a préparé un exposé sur sa grande passion : l'entomologie. J'avertis solennellement la classe que j'attends un comportement irréprochable, je parle de respect mutuel. Bref, je veux le silence, l'écoute et, s'il y a des questions, je les veux intelligentes. Je ressemble au sergent Hartman dans *Full Metal Jacket*. Les bonobos opinent gentiment.

Clément monte sur l'estrade. Fluet, il arbore une coupe au bol et porte de jolis vêtements désuets. Il a quelque chose du savant fou. Pendant vingt minutes, il se lance dans un exposé soporifique et très érudit sur les différences entre les coléoptères, les lépidoptères et autres bestioles. Personne ne bouge, je foudroie du regard celui qui hasarde un sourire. À un certain moment, pour appuyer ses dires, Clément annonce qu'il va faire circuler un bocal dans lequel se trouve un insecte vivant ; un scarabée, il me semble. Chacun contemple la bestiole. Le récipient arrive entre mes mains : plus d'insecte, mais un petit papier sur lequel est écrit « Je suis sorti pisser, je reviens dans cinq minutes ». Le fond de la classe est hilare, mais avec une relative discrétion. Clément flaire l'embrouille avec génie, il s'approche de moi, lit le papier et pousse un cri qui n'a plus rien d'humain.

— Mon inseeeeeecte ! Qu'est-ce que vous avez fait de mon inseeeeeeeeeeeecte ?

Lazare surgit, sentant l'imminence d'une crise qui le dépasse, et lui rend le scarabée qui grimpait sur son bras. Mais Clément hurle, se roule par terre. Je tente de le sortir de classe, il s'accroche au chambranle, me démonte l'épaule droite, puis part en rugissant dans les couloirs, poursuivi par tout ce que l'établissement compte de surveillants. Le sergent Hartman est défait. Il interdit à la classe d'assister au rodéo, mais tous sortent en hurlant, excités par le spectacle.

Vaincue, ce soir-là, je pleurerai. Je ne connais plus mon métier, j'ai touché les limites de mon incompétence.

Et pourtant, il finit par s'instaurer entre nous une étrange et foutraque affection, un respect mutuel qui n'exclut ni le retour du sergent Hartman ni les bouffonneries en tout genre. Et la conviction que la situation peut dégénérer constamment.

Albert promène son insolence languide et son corps dégingandé au-dessus de son bureau sinistré. À ses pieds, ses livres s'empilent dans un déséquilibre soigneusement entretenu. Sur sa table, élégamment penchée à gauche, une poubelle – vieille enveloppe de papier kraft – est fixée et dégorge d'un tas d'objets peu usités dans une salle de classe : une balle de golf, du dentifrice, des chaussettes. Je comprends que ce n'est donc pas une poubelle, mais une sorte de sac à doudous. Je rends un brevet blanc. Albert a un miraculeux 21 sur 40, provoqué par les notations forfaitaires préconisées – au-dessus de trente fautes, on cesse d'enlever des points et on rajoute deux ou trois points si l'élève n'a pas fait de faute à tel ou tel mot. Bref, Albert est heureux et, pour le prouver, lève son bras avec le poing dressé, tandis que la main opposée frappe le bras. Il énonce fièrement :

— Ça me la met comme ça !

Habituée désormais à l'expression de leurs viriles préoccupations, je réplique :

— Attention ! Tu cours le risque de priapisme…

— C'est quoi ça ? réplique Albert, instantanément préoccupé par l'avenir de son pénis.

Je ne résiste pas au plaisir de faire durer l'explication.

— On ne va pas faire un cours d'éducation sexuelle, je ne suis pas du tout qualifiée.

— Madame, énonce Lazare, vous en avez dit ou trop ou pas assez, mais vous devez continuer.

Lazare a du vocabulaire, mais il a aussi des formules percutantes qu'il sait placer intelligemment. Il met cette disposition sur le compte de sa fréquentation assidue des

« psys ». Il manipule, en effet, un lexique digne des psychologues invités lors d'émissions de télévision. Il est d'ailleurs un des commentateurs attitrés des bonobos. Il jongle avec « traumatisme », « projection » et « défoulement libératoire ».

Je réponds donc à cette imparable injonction :

— Eh bien, on imagine que ta note de brevet a produit une érection merveilleuse, mais si tu es atteint de priapisme, elle ne retombera pas.

Un murmure d'effroi parcourt les bonobos mâles. Les femelles se contentent de sourire ironiquement. Thomas se lève, se poste devant la porte et précise :

— Je vais faire le guet, au cas où la direction écouterait à la porte.

— On approche les bureaux pour que vous ne soyez pas obligée de parler trop fort, énonce le délicieux Aymeric qui se cure généralement le nez avec application, puis mange sa crotte avec un plaisir évident.

Ils se frayent un chemin à travers les détritus, soulèvent les bureaux avec leurs genoux – lorsque c'est possible – et se disposent en arc de cercle autour de moi. Ils ont l'air inquiets.

À mi-voix, je parle du dieu Priape.

— Est-ce qu'il y a des traitements ? demande Fleur avec suffisamment de triomphe dans la voix pour faire comprendre que le problème, Dieu merci, ne la concerne pas.

— Pas toujours, il existe des piqûres dans la verge (nouveaux frémissements de terreur), mais dans les cas extrêmes, on est obligé d'amputer.

La classe est plongée dans un silence horrifié. Mathilde n'ose même pas ricaner. Albert tripote sa balle de golf, Lazare n'a pas de commentaire disponible. Hubert oublie de se faire détester.

Mais la sonnerie retentit et la collègue suivante est déjà là. Elle ne comprend pas le miracle pédagogique qui fait que les bonobos paraissent désolés que le cours s'arrête. Je lui glisse en passant :

— Le sujet les a passionnés !

— T'en as de la chance…, reprend-elle en s'engouffrant dans l'arène.

Le priapisme occupera encore de nombreuses séances de discussion. Cela ne les empêchera pas de me proposer leurs services sexuels la nuit.

— Un adolescent, ça se fatigue jamais, Madame !

— Ce n'est peut-être pas ce que je recherche…

Encore une fois, je m'entends répondre quelque chose que l'institution réprouverait sans nul doute, surtout quand elle est catholique de surcroît.

Abel me dit qu'il m'aime. Ses camarades confirment que je suis son sujet de conversation favori. Touchée malgré tout par cette sincérité abrupte, je réponds avec peu d'à-propos :

— Mais je pourrais être ta mère, voire, ta grand-mère !

— Et alors, vous n'avez pas lu *Le Diable au corps* ?

— Si ! Bien sûr ! Mais elle n'est pas si âgée !

— Ce que vous pouvez être conventionnelle…, rétorque Abel, écœuré par mon manque de liberté mentale.

Désormais, et pendant quelques semaines, il se glissera derrière mon dos dans les immenses couloirs pour me murmurer, comme le Gollum du *Seigneur des anneaux* : « Maîîîître ! Je veux être ton esclave sexuel ! »

Nous aurons encore quelques heures glorieuses, les bonobos et moi. Deux conseils de discipline : Hubert planque des étoiles de ninja dans son bureau, envoie des lettres ordurières et menace les uns et les autres des pires sévices. Il sera renvoyé. Lazare balance son bureau et ses ciseaux sur Aymeric. Il restera…

Il y aura ce matin où je les trouverai plus mornes que d'habitude. Thomas dort sur son bureau, Eudes a ses grands yeux bleus injectés de rouge et me fixe sans expression, Lazare est dans une sorte d'état comateux et mérite la phrase christique « Lazare, lève-toi ! » Constant ne lit même pas le *Harry Potter* qui trône en permanence sur ses genoux.

J'ai appris depuis longtemps à ne plus m'insurger de les voir mener plusieurs activités de front, même si je reste sceptique quant au bien-fondé de cette pratique. Du moment qu'ils me donnent la preuve qu'ils écoutent, ils peuvent dessiner, lire, massacrer leur gomme, customiser leur trousse, trouer leurs vêtements au compas, mais seulement si ce sont leur gomme et leurs vêtements. J'ai terriblement revu à la baisse les principes hérités de ma propre scolarité ; les bras croisés sur la table appartiennent au musée avec l'ardoise, l'éponge et l'encre violette. Lazare dirait certainement que c'est une « mythologie dépassée ».

Pour l'heure il dort, comme tous les internes qui composent une bonne moitié de la classe. J'en viens à regretter le brouhaha habituel, les règles en fer qui tombent ou les commentaires cyniques.

— Qu'est-ce qui vous arrive ? Vous avez pris quoi au petit déjeuner ?

— C'est pas au petit déjeuner, Madame, c'est avant !

Eudes a la bouche pâteuse, mais la phrase percute le silence comateux.

J'apprends alors qu'ils se font la nuit des cocktails avec tous les médicaments dont ils sont pourvus : anxiolytiques, antidépresseurs, Ritaline. Plus tard, à la fin de l'année scolaire, j'apprendrai encore qu'ils passaient le soir d'une chambre à l'autre en circulant par une corniche extérieure de l'épaisseur d'une brique, au quatrième étage.

Nous monterons le procès de *Claude Gueux* de Hugo. J'ai en effet, dans mon emploi du temps, deux heures consécutives avec eux, le vendredi, de 3 à 5. Ensuite, ils sortent. Les internes posent déjà leurs sacs et leurs valises dans un coin de la classe. Dans leur tête, la semaine est finie, ils sont déjà dans le bus qui les ramènera chez eux. L'atmosphère n'est plus seulement volatile, elle est électrique, vibrante, incandescente. Il est hors de question de faire un cours traditionnel : envisager de traiter des accords du participe passé équivaudrait à un suicide, commenter un texte correspondrait à un naufrage annoncé. Alors je cherche des activités qui nous permettront, à eux de ne pas sombrer dans la déliquescence et à moi, dans *Full Metal Jacket.*

Ils feront montre pendant plusieurs semaines d'une grande inventivité, fabriquant les pièces à conviction, imaginant les costumes et déployant des plaidoiries brillantes. Ils inventent des jeux pour pimenter certains exercices. Par exemple, celui de tirer un mot dans le dictionnaire et de le caser à n'importe quel endroit d'une rédaction. Je le devine en corrigeant le troisième « ornithorynque »… Nous systématiserons la pratique en la corsant volontairement. Ils m'avoueront après le brevet avoir choisi une phrase entière à incruster : « Mais, tu ne vas pas me sauter comme ça ! » Cette année-là, je crois qu'il s'agissait d'imaginer un dialogue entre les deux Thénardier. Sans nul doute, les résultats ont dû être intéressants.

Chers bonobos… Je pense souvent à vous, à mes doutes, à mes errements. J'ai souvent cru que je n'y arriverais pas, que j'avais perdu tout acquis. Je suis restée longtemps certains soirs à contempler, hébétée, le mur de ma chambre. Mais je sais bien que vous n'êtes pas la cause de ce qui m'arrive.

3 – Nausées en tout genre

Je me suis arrêtée de pleurer. C'est bien. Mais pas de vomir. C'est moins bien. Mon canapé est une barque ballottée par la houle. On me téléphone, je ne peux pas répondre ; ou alors, d'une voix d'outre-tombe, entre deux délestages.

— Comment vas-tu ?

Vaste question ! Je ferme les yeux, je me recouche et m'entoure de coussins.

Dimitri m'apporte des tisanes bizarres, des huiles essentielles et son air désolé. Il me catéchise ensuite quant à la prise en charge « globale » de mon symptôme. Deux nausées plus tard, je sens que je le déteste et que je regrette les étreintes étriquées qui ponctuent nos relations.

— Parce que, tu imagines bien que ce qui t'arrive ne surgit pas là par hasard…

Poil au falzar… Mais je me contente de le penser, du moins avec ce qui me reste d'un cerveau noyé dans la houle.

— Et cette manière que tu as d'affronter la réalité, en remisant toujours les problèmes au lendemain… C'est peut-être ce que tu payes en ce moment.

Il tente de me faire respirer un flacon marron, j'entraperçois une étiquette jaune avant de courir vers les toilettes, révulsée par l'odeur. Dimitri me suit et continue l'endoctrinement au milieu de mes hoquets, comme un missionnaire en terre hostile.

— Je ne veux pas être lourd, continue-t-il alors que je suis traversée de frissons de haine en même temps que d'épuisement. Mais il faut savoir que ton corps exprime ce que ton cerveau ressent. Il te dit stop, ton cerveau !

Je repars m'allonger sur le canapé. Mon estomac ressemble à une falaise un jour de tempête. Dimitri pérore, mais je ne l'écoute plus. Je ferme les yeux et les oreilles, juste le temps de l'entendre :

— Je te laisse te reposer. Je reviendrai tout à l'heure te faire boire…

Boire, déboire, poire, à voir, œuvre au noir, moire, cauchemar… Mon esprit divague et se rassure en testant sa capacité de faire des rimes à la noix. Il erre de mot en mot, réfectoire, dortoir et s'engourdit.

Dans un demi-sommeil, j'en reviens à mes souvenirs. Une voix flûtée monte du fond de ma mémoire, celle de Saïd, le petit EIP, qui savait pourquoi il n'y avait pas de femmes sur les bateaux…

4 – Des femmes et de leurs aptitudes au travail

Je n'ai plus de grands bonobos. Juste des petits. Il faut entendre par là des 6ᵉ précoces, donc plus jeunes que l'âge requis : entre 8 et 10 ans. La classe a un faible effectif : douze. Ils sont minuscules. Passé les premiers jours, ils batifolent et papillonnent avec entrain. Ils me déclarent qu'ils n'ont pas choisi le cycle en trois ans, pour « ne pas perdre leur jeunesse ».

Nous organisons avec sérieux les élections de délégués, je dispose un tableau électoral afin que les volontaires puissent faire campagne.

« Je serai la déléguée de tous », proclame Sophia. Elle a les cheveux longs, de grands yeux de biche qui battent des cils et une tendance quasi maladive au bavardage effréné.

« Je serai juste », écrit Léandre d'une drôle d'écriture déstructurée. Il est petit, rond, il gueule plus qu'il ne parle. Lorsque je lui demande en quoi consistera sa justice, il dit qu'il sera aussi proche des filles que des garçons et qu'il n'aura pas de chouchous. Sophia hausse les épaules et le traite de copieur.

Caroline, qui ressemble à une femme en miniature, a préparé une véritable affiche, avec son nom en couleur, répété plusieurs fois, et un slogan imparable : « Élisez-moi et vous serez défendus. »

Elle parle avec une grande autorité naturelle en agitant ses mains microscopiques.

Quant à Julien, il annonce qu'il ne veut pas être délégué, parce qu'il est dyspraxique. J'ai reçu une formation très accélérée sur tous les « dys » possibles. On m'a expliqué que beaucoup d'EIP en étaient affectés. Je sais juste que je dois en tenir compte et ne plus m'épouvanter devant les écritures informes, voire le refus d'écrire, le désordre monstrueux, les troubles du langage, les problèmes de lecture ou de comportement.

Je sais aussi, comme pour les grands bonobos, que je dois accepter qu'ils puissent faire plusieurs activités en même temps. C'est ainsi que, dans cette classe, Nicolas et Félicien fabriquent des bracelets brésiliens en nouant des fils à leurs chaussures et que Côme dessine les plans de sa machine à remonter le temps. Il la recommence en permanence car, chaque jour, il perd le plan précédent. Aurélia rassemble une documentation phénoménale sur les caravelles et autres vieux bateaux. Saïd, qui vient juste d'avoir 8 ans, fabrique avec des trombones de petits animaux.

Julien ne fabrique rien, puisque, comme il vient de me le dire, il est dyspraxique. Je sais grossièrement que cela s'apparente à une maladresse pathologique. Et en effet, Julien est malhabile. Il ne peut pas porter ou rapporter son classeur dans son casier sans le faire tomber, ouvert de préférence, tandis que toutes les feuilles s'échappent allègrement. Si je lui demande d'appuyer sur le bouton qui commande l'ouverture automatique des volets roulants, il panique et refuse, devant l'ampleur de la tâche. Il bute régulièrement sur les cartables, écrit maladroitement, d'une énorme écriture penchée, mais s'exprime avec facilité. Simplement, lorsqu'il commence, il est intarissable ; il développe avec emphase ses points de vue jusqu'à ce qu'un de ses camarades l'interrompe avec plus ou moins de diplomatie.

Plus tard, Julien sera la proie rêvée de certains 3ᵉ qui l'enfermeront dans les gros casiers destinés aux pensionnaires. Léandre deviendra son protecteur attitré, son avocat, sa sentinelle.

Sophia est élue, ainsi qu'Étienne. Sans doute que le slogan de ce dernier a su se montrer déterminant : « Je saurai faire repousser les contrôles lorsqu'il y en aura. » Caroline est affreusement dépitée. Elle s'appuie avec les coudes contre mon bureau et balance suffisamment fort pour qu'on l'entende :

— Ils ne m'aiment pas ou quoi ?

— Non, mais quand il faut faire son choix entre plusieurs, forcément, on ne peut pas élire tout le monde !

— Ouais ! Pourtant, j'étais la meilleure. Et je n'ai pas ma langue dans ma poche.

— Je sais !

— Et ça, c'est utile quand on est déléguée ! reprend la minuscule exaspérée.

— Oui ! Mais ce n'est pas la seule qualité, sûrement ! Maintenant, va t'asseoir et parlons d'autre chose.

— Eh bien, moi, je n'ai plus envie de parler.

— C'est parfait, cela me reposera.

La classe s'agite, les commentaires ne tarderont pas à affluer si je ne les arrête pas rapidement. J'entends un adorable « Connard » et un non moins gracieux « Ta gueule » qui contrastent avec les figures angéliques qui les profèrent. Fin de l'épisode.

Nous étudions *L'Île au trésor* de Stevenson. Ils demandent à faire des exposés sur la piraterie. Étienne, qui ressemble déjà à un adolescent par la taille, choisit « Les punitions chez les pirates » et régale la classe d'un catalogue d'atrocités. Sophia parle de Barbe Noire. Caroline, dont le mutisme ne dure jamais longtemps, choisit « les femmes pirates ». Julien oublie de faire l'exposé. Il dit qu'il ne l'a pas fait parce qu'il ne se souvenait plus du sujet. Léandre lui rappelle qu'il l'a fait la veille à l'étude du soir, mais Julien n'en démord pas. Puis-je mettre 0 à un dyspraxique amnésique ?

Saïd se lève et commence le sien : « Coutumes de la piraterie ». Il s'exprime comme un orateur professionnel. Il a un panneau impeccable, fait circuler des livres. Puis il entame un sujet épineux.

— Les femmes ne pouvaient pas monter sur les bateaux…

— Et pourquoi donc ? demande Caroline avec des vibratos féministes dans la voix.

— Parce qu'elles sont indisposées, répond Saïd, sans se démonter.

Les filles ricanent, se tortillent sur leur chaise, partagées entre la gêne et l'envie d'en découdre. Caroline monte au créneau.

— Et ça veut dire quoi, être indisposée ?

De l'air de celle à qui on ne la fait pas.

— Ça veut dire, répond Saïd doctement, que sur les

bateaux, les femmes ne sont pas disposées à travailler. Ce sont des fai-né-an-tes ! Voilà.

Le silence est total. Les filles, muettes. Même Caroline se laisse museler par ce ton péremptoire.

Tom pleure à tout hasard, parce qu'il n'a pas travaillé son exposé. Mais il n'est pas dyspraxique, ni dyscalculique, ni dyslexique, juste dysorthographique, comme la majorité des élèves, qu'ils soient EIP ou pas. Il est comme les femmes indisposées, fainéant. Mais cela ne constitue pas une excuse estampillée.

— Madame, déclare Aurélia de sa jolie voix douce, Tom pleure.

— Je vois.

— Il n'a pas fait son exposé et ne sait pas comment le dire, continue la brunette au nœud bleu dans les cheveux.

Caroline a les yeux qui brillent.

— Toi aussi, t'as oublié le sujet ? demande-t-elle avec deux décilitres de vinaigre dans le ton.

— Non ! Mais hier soir, j'ai dû accompagner mon père pour faire des courses et après, c'était trop tard.

La morve fait une chandelle sympathique au nez de Tom. Avant qu'il ne s'essuie avec sa manche, je lui lance un paquet de mouchoirs. Puis j'interviens, pour que Caroline ne fasse pas le travail à ma place.

— Mais cet exposé, tu sais que tu en as le sujet depuis quinze jours ! Ton histoire ne peut pas être une excuse.

Tom fond en morve et en pleurs.

— Tu as jusqu'à demain pour faire l'exposé, et toi aussi, Julien ! Sinon, c'est zéro !

— Ils mériteraient des points en moins, assène Caroline.

— C'est difficile d'être totalement juste, entre Julien et Tom. Julien a des difficultés à l'écrit, mais absolument pas à l'oral. Il ne peut pas dire qu'il avait oublié le sujet alors que, comme je l'ai dit à Tom, cela fait quinze jours que les sujets sont donnés. Il n'avait qu'à me le redemander.

— Mais il l'a fait, reprend Léandre. On a même cherché ensemble dans les dictionnaires.

— Je sais ce que je dis, fait Julien, je suis dyspraxique, mais pas fou. Si je l'ai pas fait, je l'ai pas fait, et…

— Bon ! On arrête là. On verra demain. Je commence à être fatiguée.

Le lendemain, Tom et Julien feront deux exposés médiocres, « à l'arrache », comme le commentera la classe. Julien fera pendouiller sur le tableau une vieille copie déchirée sur laquelle est écrit au fluo jaune le sujet de son exposé : « Les bateaux pirates ». Ce sera la seule contribution au sujet, puisque le reste de sa prestation consistera à nous raconter ses sorties en dériveur avec son père du côté de Cassis. Il exhibe un mousqueton qu'il tente de fixer aussi au tableau avec un vieux bout de scotch. La chute répétée de l'objet nous rend tous fous. Saïd triture ses trombones avec désespoir, tandis que Léandre déchire des images dans une revue. Côme se coupe les cheveux. Caroline ricane. Sophia est en train de décorer sa trousse avec ses feutres. J'arrête le supplice.

— Qu'est-ce qui est marqué sur la feuille que tu as collée au tableau ?

— Les bateaux pirates ! répond aimablement Julien.

— Et tu as l'impression de nous en avoir parlé ?

— Pas encore ! Mais je n'ai pas eu le temps de travailler

sur le reste de l'exposé. Y avait un contrôle d'histoire pour aujourd'hui !

Je me demande en vain ce qui l'anime entre la pure filouterie, l'inconscience et une réelle dyspraxie qui alourdit son corps et ses gestes. En tout cas, j'essaie de rester calme et détachée.

Jules vient de débarquer, il est pensionnaire. Il a des lunettes, des cheveux en brosse et une sorte d'insolence ingénue. Pour arriver ainsi, à la fin du deuxième trimestre, il a sûrement été renvoyé d'un autre établissement. La directrice ne signale jamais ce type de recrutement, car une de ses brèves de comptoir est qu'il faut avoir « un regard neuf » sur « ces chères têtes blondes ». Croyant à l'intelligence humaine qui a tout de même assuré la survie de l'espèce pendant des millénaires, je m'interroge sur la profondeur de sa bêtise. Et garde toujours l'espoir qu'elle nous balance ce genre d'aphorismes au deuxième degré. Je sais néanmoins qu'elle ignore l'humour, comme la mer Morte l'altitude. Cela ne l'empêche pas de promener sur l'équipe enseignante un regard vieux et rance. Des « On peut imaginer que le travail ne vous fait pas peur », « Pourquoi faudrait-il vous payer cette activité bénévole ? Tout ne se monnaye pas ! », « Vous êtes pire que les élèves » émaillent régulièrement ses interventions. Comme elle n'est pas la première à proférer ce genre de sentences, même si elle est la plus bête, j'en conclus parfois rêveusement que les instances dirigeantes subissent une forme d'initiation-dressage où on leur apprend qu'il faut se méfier des équipes enseignantes parce qu'elles sont composées de tire-au-flanc, cupides et turbulents. La fonction gouvernante, grandie cependant dans le sérail des professeurs, change rapidement des bandes de paresseux sans complexes en travailleurs zélés, désintéressés et sages. C'est bien connu, la fonction crée l'organe.

Jules est un comique ahuri qui veut qu'on l'aime, qu'on le remarque, qu'on l'admire. Il participe à tort et à travers de peur qu'on l'oublie, arrive en retard pour des raisons toutes aussi pittoresques les unes que les autres.

— J'ai eu envie de faire caca, juste en montant les escaliers de l'étage. (Inopportun et utilisé plusieurs fois)

— Je suis allé récupérer un cahier que j'avais prêté. (Invérifiable, il ne connaît pas le nom de l'autre, et quel cahier, grand Dieu, pourrait-il prêter ?)

— Le CPE voulait me voir. (Vérifiable et souvent vrai)

— J'ai perdu mes lacets et je suis tombé dans le couloir. (Vrai pour la chute plus ou moins orchestrée et devant, de préférence, un public ravi)

Dès que le cours commence, il se tortille sur sa chaise, traite Saïd de « pédé » et demande à sortir parce qu'il a la colique. Les intestins de Jules rendent la classe nerveuse. Caroline pose son diagnostic :

— T'es rien qu'un gamin, Jules !

Une fois que je lui ai expliqué que les règles de vie en classe demandent le contrôle de toutes les formes de diarrhées, le cours peut commencer.

Les enseignants des mini EIP ont une permanence téléphonique avec les parents une fois par semaine. La mère de Jules m'appelle tous les mardis. Elle veut un rapport circonstancié de la semaine. Je lui parle des problèmes intestinaux de son fils. Elle me condense en réponse *Le complexe du homard* de Françoise Dolto dans tous les détails. Et m'en conseille vivement la lecture. Par elle, j'apprends que Jules est un petit être adorable, terrorisé par l'école depuis sa plus tendre enfance et fragilisé par son intelligence hors norme. Il me faudra donc faire coïncider deux représentations, la sienne et la mienne. Pour l'instant, je ne vois pas comment.

Léandre vient cafter que Jules fait circuler des cassettes pornos parmi les 6ᵉ. Vérifications faites, l'information se révèle vraie. Une confrontation est organisée entre le directeur adjoint, le CPE, Jules et moi. Le directeur adjoint commence.

— Jules, vous avez donc fait circuler des cassettes pornographiques chez vos camarades d'internat ?

— Je sais pas, dit Jules. (Et il me glisse) C'est quoi pornographique ?

— Avec des gens qui font l'amour !

— Je répète, Jules, demande le directeur adjoint statufié en commandeur. C'est vrai ?

— Ben… Oui ! Je crois !

— Vous croyez seulement ?

— Oui ! Non… Enfin, oui !

— Bon… (Le CPE prend le relais du directeur adjoint qui fatigue) Et vous trouvez que c'est normal ?

— Non !

Jules comprend plus qu'il n'éprouve qu'il lui faut dire non. On a expliqué en classe le principe de la question rhétorique. Il commence d'ailleurs à pleurer avec d'énormes sanglots bruyants.

— Vous savez que c'est interdit ? hurle le CPE.

— Non..., répond le fautif, effondré.

— Bien... J'en informerai votre famille. En attendant, vous serez retenu pendant trois mercredis. Vous avez quelque chose à ajouter ?

— Oui ! Vous pouvez me rendre les cassettes ?

La question est posée sans insolence aucune, elle est juste pragmatique, je le sens, mais j'embarque Jules par le bras, pendant que le CPE, violet, hurle un « Sortez ! » qui fait vibrer les vitres.

Tandis que nous retournons dans sa classe, je tente une explication et une discussion. Jules promet de se faire oublier. Il tiendra sa promesse, d'une certaine manière. À la fin de l'année, sa mère m'offrira une boîte de macarons qu'il m'apportera, tout fiérot, un lundi. À l'intérieur, un petit mot : « Merci d'avoir supporté Jules ». Est-ce Françoise Dolto qui lui a dicté le message ? Le conseil de classe le fera passer en 5ᵉ, non sur ses résultats médiocres, mais sur le fait qu'il a été capable de s'amender. Il ne fait plus en effet circuler de cassettes pornos, il va aux w.-c. pendant les récréations et son taux d'insultes envers les autres a rejoint le quota d'un élève normal. Il quittera cependant l'établissement pour se rapprocher de sa famille.

Pendant la semaine de la presse, les petits bonobos montent au CDI. Les documentalistes ont préparé des unes de grands journaux quotidiens. Étienne demande si toutes les tendances politiques sont présentes, on lui répond que oui, à l'exception de la presse d'extrême droite, contraire aux principes moraux du CDI. Caroline commente à sa façon le programme de l'extrême droite, disant qu'ils sont racistes et esclavagistes parce qu'ils font travailler les autres à leur place pour trois fois rien. Sophia roule de grands yeux effarés, Saïd approuve.

La une du *Figaro* attire leur attention, parce qu'elle reproduit une photo du dalaï-lama. Là encore, Caroline est renseignée.

— C'est une espèce de pape, avec une toge orange.

Sur le chemin du retour – le CDI est au deuxième étage –, Aurélia se met à gesticuler. Elle est outrée.

— Madame, Niels veut me sucer…

— Quoi ?

Je me retourne vers Niels qui plastronne et affirme :

— Pas du tout ! Je lui parlais à l'imparfait du subjonctif et je lui disais il faut que je susse !

Le CPE qui passe à l'instant n'apprécie pas les connaissances grammaticales de Niels et lui donne un mercredi de retenue pour apprendre « à faire le mariole avec la conjugaison ». Niels beugle son innocence bafouée.

Je ne rentre plus hagarde chez moi. Juste raisonnablement fatiguée, mais il existe des heures difficiles où je sens très vite que l'hébétude peut revenir.

Par suite de l'absence d'un collègue, je suis amenée à le remplacer dans une classe de 4ᵉ bonobos. Ils sont généralement décrits au mieux comme turbulents – par la direction –, au pire comme infects – par les enseignants. Je mobilise mon regard neuf et rentre. Je reconnais les symptômes : dix centimètres de détritus, un individu perché sur la fenêtre, deux en train de jouer au ballon, cinq qui découpent, trois debout qui attendent que je les fasse asseoir. Les autres sont par paquets et discutent. J'endosse la tenue du sergent Hartman et braille :

— Asseyez-vous rapidement ! Vous, posez le ballon et donnez-le-moi jusqu'à la fin de l'heure. Toi, descends de la fenêtre. Si tu tombes et te tues, tu vas nous gâcher le cours et la journée. Ceux qui veulent découper, colorier ou dessiner le peuvent à condition qu'ils soient capables de me répéter ensuite ce que je viens de dire.

Deux se lèvent rapidement pour cracher à la fenêtre sur Frère René qui passe et qui hurle, demandant au professeur de se montrer. Je fais lâchement fermer la fenêtre pour éviter de leur tourner le dos, de me faire invectiver injustement et demande aux deux cobras de m'apporter le cahier de correspondance. Ils se rassoient, étrangement piteux. Le cours commence.

Mon collègue m'a demandé de leur parler du *Bourgeois gentilhomme*. Je les questionne sur ce qu'ils savent : un sait que c'est de Molière, mais les autres n'en ont pas la moindre idée ou s'en moquent complètement. Je leur fais découvrir l'extrait où Monsieur Jourdain fait de la prose sans le savoir. Parmi les volontaires, il y en a un qui lit avec talent, mais les autres ânonnent. Beaucoup font comme Lazare : ils manipulent leurs stylos en le faisant passer plus ou moins habilement d'un doigt à l'autre. Une petite brune, sans doute dyspraxique, le fait tomber une quinzaine de fois. À chaque fois, elle plonge à quatre pattes sous les tables pour le retrouver. Je suis en nage. J'essaie de ne pas voir celui qui lit ostensiblement une revue d'informatique, puis demande :

— Toi, là-bas, avec le polo rouge, de quoi sommes-nous en train de parler ?

— Moi ? De Molière !

— Plus précisément ?

Ma voix tremble.

— De sa vie, de ses œuvres.

— Bon ! Ferme ta revue, tu es incapable de faire deux choses en même temps. Et maintenant, prends ton livre (il ne l'a pas), demande qu'on t'en prête un et lis !

Le cours finit dans le brouhaha. Une petite m'offre le dessin qu'elle a fait pendant l'heure : un dragon façon manga. Est-ce moi ?

Dans le couloir qui me ramène, flageolante, vers la salle des professeurs, quelques élèves de cette classe viennent me remercier pour ce cours qui leur a beaucoup plu.

— Vous reviendrez ? demandent-ils.

— J'en doute, je sors épuisée…

— Pourtant, on n'a jamais été aussi sages, me répondent-ils, sincèrement désolés.

Je repars avec un sourire mécanique qui ne souligne que la perplexité engendrée par nos différences de perception. Suis-je en train de perdre la lucidité ?

Je complète mon emploi du temps par une surveillance de 17 à 18 heures, le mardi. Je surveille vingt-six petits EIP qui terminent ainsi une journée de classe plus que chargée. Certains font en plus de l'emploi du temps classique des échecs et du japonais ; lorsque je les récupère, ils ont participé au moins à huit ou neuf heures de cours.

Il me semble difficile de proposer encore une étude dirigée, d'autant qu'ils expédient leur travail en dix minutes. Nous décidons, avec la collègue qui les surveille en alternance avec moi, de convertir cette heure-là en un moment de calme où nous pourrions transformer leur goût inné pour le bricolage en une simple création collective. Nous proposons l'idée aux petits qui sont enthousiasmés et débordent d'idées en tout genre : un panneau rempli de découpages et de collages, une exposition… Chacun promet d'y repenser pour la semaine prochaine.

Le lundi suivant, ma collègue et moi recevons plusieurs mots de parents : leurs enfants ont été scolarisés pour travailler activement et non pour perdre leur temps en activités stériles. La directrice en rajoute une couche : « Une étude n'est pas une heure d'arts plastiques. » Elle nous conseille de nous recentrer sur du soutien.

— Nos chères têtes blondes ne demandent qu'à apprendre. Vous savez comme moi à quel point les enfants précoces ont besoin d'être alimentés.

Pour éviter de la mordre, je me concentre sur son ourlet déchiré comme de coutume, sur ses cheveux en pétard et ses ongles écaillés. Par réflexe, je regarde la couture de sa jupe, on ne voit toujours pas la culotte, mais le dévoilement est imminent.

Désormais, les petits bonobos travailleront de 5 à 6.

5 – Cris et chuchotements

Je ne vomis plus, je ne pleure plus, je réponds au téléphone d'une voix audible. Je suis donc sur le chemin de la normalisation. Mon canapé navigue en eaux calmes, mais j'y bats la campagne plus que jamais.

Mes relations avec Dimitri sont à l'image de ma vie. Barbantes, vaines et bourrées jusqu'à la gueule de contradictions. Il vient régulièrement, le visage empreint de bonté, avec son doux terrorisme alternatif et ses potions. Il veut me convaincre d'aller voir un charlatan de ses connaissances qui guérit par un quelconque cri primal. Comment ai-je pu, même une seconde, laisser ce type entrer dans ma maison et surtout dans mon lit ? Fallait-il que je me sente seule à ce point ? Ou que l'idée d'une sexualité possible, même avec un ersatz d'endive bouddhiste, me titillait férocement ? Je n'ai pas la force de lui demander de rejoindre définitivement son potager modèle.

Et pour expier ma lâcheté, je tente d'écouter son verbiage en me répétant qu'il ne peut pas dire sans arrêt des fadaises et qu'il y a quelque chose à retirer de la fréquentation de gens très différents de soi. Une vieille culpabilité, venue du fond des âges, me fait même amorcer une conversation.

— Je ne crois pas que j'irai voir ton type… Tu sais, si on

n'y croit pas, il y a de fortes chances que cela ne marche pas. Le cerveau est une drôle de machine…

Je suis pétrifiée par mon atroce perfidie, mais il ne voit pas que je le parodie. Il est si heureux de me voir naviguer près des limites de son idéologie.

— Je sens que cette crise t'a changée. Je te sens plus perméable aux alternatives. Tu es plus ouverte, et c'est bien.

Bassement, je ne le détrompe pas. Surtout qu'il n'a pas complètement tort. Je ne suis pas ouverte aux alternatives, mais je comprends qu'il va falloir qu'on m'aide. Je ne peux plus me répéter les mêmes rengaines rassurantes et je ne veux sombrer ni dans le cynisme ni dans la folie.

Dimitri me prend la main et me regarde avec compassion. Je nage dans une soupe de sentiments : je m'attendris devant sa sollicitude, je m'irrite de ses certitudes, je m'exaspère devant mon amollissement et mes paradoxes. Il en profite pour m'embrasser, puis me dit en partant :

— Toi et moi, on est faits pour s'entendre ! Il te faut juste un peu de temps pour en convenir ! À bientôt, ma grande !

Je reste sur mon canapé, avec mes contradictions en bandoulière. Il va falloir que je mette de l'ordre dans mes pensées – et dans ma vie aussi, ricane mon double lucide –, mais je ne sais pas par où commencer. Je ne suis pas prête à me livrer à une introspection sévère. Trop tôt, trop difficile.

Mais les souvenirs se bousculent comme des supporters à l'entrée d'un stade ; certains braillent plus fort que d'autres pour passer les premiers et, en particulier, celui de ma première inspection.

6 – « Il va se la sauter… » et autres analyses de Stendhal

Le collège est petit, tarabiscoté, voire fantasque : il faut monter trois marches pour entrer dans le bureau de la direction et en redescendre immédiatement deux. Des caves accessibles à partir de couloirs oubliés relient plusieurs pièces de l'établissement ; les plus profondes gardent de vastes châlits, vestiges du passé manufacturier du collège : ses bâtiments abritèrent en effet une magnanerie. Il est implanté dans une vieille cité ouvrière sinistrée. Des cimenteries à l'extrémité nord et un complexe nucléaire au sud, une longue rue triste coincée entre la montagne et le Rhône, des maisons grises de poussière. La directrice est une femme étrange. Une allure désuète, des vêtements stricts. Mais elle porte des collants violets malgré la température estivale et me confie, avec un regard appuyé :

— Ici, les hommes ne valent pas grand-chose, ce sont les femmes qui tiennent l'établissement. Surtout madame Buisson, qui est une femme remarquable. Adressez-vous à elle si vous avez besoin de conseils éclairés. Des questions ?

— Non…

Je sais reconnaître un homme d'une femme, je saurai donc reconnaître le bon grain de l'ivraie, puisqu'elle m'a rendu le tri facile.

D'études de philosophie, elle a gardé un vocabulaire distinct et quelques problèmes spécifiques de communication, surtout quand elle l'applique aux élèves ou aux parents. Par exemple, quand elle demande à Germain, espèce de niais bégayant :

— Je sens, Germain, que vous avez fait l'expérience de la contingence. N'est-ce pas exaltant ?

Germain ne saura jamais qu'elle a ainsi salué le simple fait d'être assidu au collège, mais il approuvera à tout hasard et avec conviction.

Les élèves sont de milieu plutôt défavorisé, le chômage touche durement les ouvriers de la cimenterie et les employés de la gare de triage. Ces deux employeurs majoritaires ont licencié plusieurs milliers de personnes depuis dix ans, laissant la ville essorée et groggy.

J'aurai des 6e et des 3e. L'équipe enseignante est là depuis la nuit des temps, tous se connaissent bien et saluent mon arrivée de propos encourageants :

— Ici, en cas de problème, ce sont les derniers arrivés qui partent. Je suis parmi les plus anciennes. Si le collège ferme, ce sera moi qui tournerai la clef, m'explique une aimable quadragénaire pisse-vinaigre.

— Vous remplacez quelqu'un d'exceptionnel, me dit une sorte de vieille poupée. Les élèves l'ont achevé, comme ils nous auront tous.

Elle hoche sa tête d'un air entendu, remplie d'une commisération affectée pour la débutante que je suis alors.

Il n'y a pas grand-chose à ajouter devant un pareil viatique. Je remarque encore quelques collègues discutant autour du réfrigérateur ; un taciturne lit ou corrige sur la vaste table qui occupe tout l'espace. Comme souvent, il y a plus de femmes que d'hommes, ce qui est un gage de qualité, je le sais désormais. Madame Buisson pactise activement avec l'ennemi, son collègue masculin de sciences. Le taciturne lève son nez.

— Bienvenue dans cet asile psychiatrique, me lance-t-il.

Personne ne relève. Je saurai plus tard que la boutade n'était métaphorique qu'en apparence.

Les élèves sont modérément studieux. Madame Buisson regrette le temps passé, celui où le collège recrutait dans les classes favorisées, connues pour leur éducation et leurs principes.

Il est curieux de constater, où qu'on arrive et quoi qu'on fasse, que l'Eldorado est toujours derrière nous, désespérant paradis perdu où les élèves étaient éduqués, travailleurs, voire zélés. Il est désolant de comprendre que l'on arrive toujours trop tard et que l'on récolte la lie. Mais comme dit Vieille Poupée :

— Vous ne pouvez pas savoir ce que vous perdez, mais je vous plains de commencer votre carrière maintenant.

Sa voix monte passionnément dans les aigus, une drôle de férocité l'habite. Elle avoue détester certains enfants. Ce sont en général des filles timides et intelligentes.

Quelques élèves sont gitans. Leurs parents ont acheté des terrains inondables près du Rhône où ils ont installé des campements coquets.

Philippe est l'un d'entre eux. Assis au fond de la classe, il attend avec une relative bonne humeur que le temps passe et qu'il arrive ainsi à la fin de la scolarité obligatoire. Au moment de réciter une poésie, il m'annonce :

— Mettez-moi 0 de suite, je n'ai pas appris. De toute façon, celui qui me fera apprendre une poésie n'est pas encore né.

Je ne sais d'où il tient cette noble réponse, mais je réplique aussitôt :

— Au fond, je crois que tu réagis comme ça, parce que tu es incapable d'apprendre une poésie !

Il me regarde avec un défi amusé dans l'œil et, pour clore la conversation, il me dit :

— Quand tout le monde sera passé, je réciterai.

Tous récitent, puis Philippe se lève et débite sans aucun problème le texte qu'il a appris en écoutant les autres. Enfin, il ajoute :

— Vous vouliez une preuve, vous l'avez ! Maintenant, il est inutile de me le redemander, parce que je n'apprendrai plus jamais une poésie.

Et ainsi fut fait. Philippe n'apprit jamais plus un texte.

Au bout de quelque temps arrive le moment de ma titularisation. C'est une inspection qui l'entérinera ou la rejettera. Les collègues me prodiguent des conseils anxiogènes qui me donnent envie de me mettre la tête dans le casier et de ne plus l'en sortir.

— De toute façon, ils ne sont jamais contents, dit Pisse-Vinaigre, mais j'en connais qui n'hésitent pas à vous mettre une note telle que l'on ne s'en relève pas.

Comme elle est encore debout, j'en conclus qu'elle a passé victorieusement l'épreuve.

— Je ne connais pas celui-là, reprend Vieille Poupée, mais à ce qu'on dit, il est jeune ! Il doit avoir la dent dure pour se faire une place au soleil.

— Si ça ne marche pas, ajoute une autre, tu recommenceras ! Tu es jeune, ça ne sera pas dramatique.

Taciturne se contente d'un demi-sourire encourageant.

J'ai les nerfs en dentelle. Je suis inspectée dans une classe très faible, mais dotée néanmoins de bonne volonté. J'ai préparé un texte de Stendhal, extrait de *Le Rouge et le Noir* : la rencontre de Julien Sorel et Madame de Rénal. Il s'inscrit dans un regroupement sur la rencontre amoureuse.

L'inspecteur arrive, il semble sympathique, mais Pisse-Vinaigre m'a dit que ceux-là étaient les pires. Comme des pythons royaux, ils vous enveloppent avant de serrer leurs anneaux et ils vous brisent, sans états d'âme. Puis ils vous avalent vivant, bien entendu. Le reptile masqué s'assoit au fond de la classe, seul à un bureau. Il se saisit du cahier de textes, le compulse, puis commence à prendre des notes. J'entame la leçon en frémissant, mon estomac fait un nœud papillon au niveau du diaphragme. Mes oreilles bourdonnent et pulsent comme si j'étais près des baffles pendant un concert de musique électro. La classe participe sans anicroche : Delphine lit impérialement le texte, Hervé mobilise toute sa finesse. Je pose ensuite la question à ne pas poser :

— En fonction de ce que vous venez de lire, que va-t-il se passer maintenant ?

— Ben, répond avec enthousiasme Fabrice, il va se la sauter !

Le nœud papillon a sauté du diaphragme dans ma poitrine. Le concert électro bat son plein. L'inspecteur lève le nez, très intéressé.

Il me faut dire quelque chose, et vite.

— Tu n'as pas tort, Fabrice, mais tu ne pourrais pas le formuler autrement ?

— Je vois pas, répond l'intéressé en se grattant l'entrejambes, c'est comme ça qu'on dit !

Je reprends le fil des questions de bilan, puis Fabrice – qui s'est juré de faire le maximum pour moi – lève le doigt. Je tremble, mais je lui donne la parole.

— Une gonzesse comme ça, fait-il, ça me fout les glandes !

Et il accompagne sa remarque en mettant ses deux mains en coupe sous sa gorge.

— Pourquoi ?

Je pose la question, histoire de boire le calice jusqu'à la lie.

— Parce qu'elle chipote, elle fait sa poupée, au lieu d'y aller carrément.

— C'est un point de vue, mais si elle était comme tu le dis, l'histoire serait moins longue et moins intéressante !

Fabrice fait la moue. Heureusement, la sonnerie l'empêche de développer plus avant ses théories sentimentales.

L'inspecteur demande un classeur, Fabrice veut lui donner le sien, mais il refuse. Je sais qu'il a compris que ce n'est pas le classeur le mieux tenu de la classe et je lui en sais gré. L'entretien sera agréable, le python se révélera nounours.

— J'ai beaucoup ri, avoue-t-il. Et d'une certaine manière, ils ont compris le texte ! C'est bien cela l'essentiel. Continuez, car pour certains, ces textes qu'ils font en 3ᵉ seront les derniers qu'ils liront de ce type.

Le reste sera administratif et protocolaire, mais une vraie chaleur humaine émane de l'individu. Le nœud papillon se défait lentement.

À mon retour dans la salle des professeurs, je retrouve mes collègues. Silence. Quelques regards convergent vers moi.

— Aloooooooooors ? fait Vieille Poupée.

— Bien ! Il a été content des élèves et de moi.

Je raconte brièvement la leçon. Pisse-vinaigre trouve que j'ai eu la chance insolente du débutant inconscient. Vieille Poupée est atterrée que je n'aie pas été étouffée, mais fait semblant de se réjouir. Le groupe de madame Buisson me regarde comme une rescapée de l'enfer. Je découvre que la visite de l'inspecteur agit comme un rite initiatique et que la situation génère bien des fantasmes, comme toutes les mythologies. Me voilà passée de l'autre côté, celui des professionnels débutants.

Trois autres inspections suivront cette première.

La seconde aura lieu pour le CAPES, la troisième pour l'agrégation et la dernière sera gratuite. Je garde un souvenir particulier de la seconde.

Ayant été reçue aux épreuves théoriques du concours, j'attends la visite pour valider définitivement l'épreuve par la partie pratique. La secrétaire de l'établissement me prévient que l'inspecteur est sur le point de venir, mais je n'ai pas de date précise, contrairement aux usages – je saurai plus tard que la communication est mal passée.

Pour compléter mon emploi du temps, j'ai hérité d'une heure d'instruction civique dans une classe de desperados. En échec, sur une voie de garage, ils végètent plus ou moins gentiment. Nous essayons ensemble de survivre en milieu hostile. Pour occuper cette heure de cours, nous avons programmé de connaître toutes les institutions municipales : visite de la mairie, de la bibliothèque municipale, du musée de la Résistance, discussion avec le premier adjoint. Nous avons décidé de répondre à l'invitation des pompiers : visiter la caserne et ses installations.

Nous sommes un vendredi, en début d'après-midi. Le mistral souffle, le détail est d'importance. Les camions des pompiers sont dans la cour, les casques étincellent. Les élèves montent à tour de rôle dans les engins et coiffent les casques, heureux et fiers. Entre deux camions, Kévin essaye de déculotter Jordan, pour le fun. Je les sépare et demande à Jordan de remonter son pantalon. Nous avons ensuite droit à une brillante démonstration : celle de la lance à incendie. Une rafale de mistral fait dévier le jet puissant. Nous voilà trempés de la tête aux pieds. Les desperados sont hilares. Moi, moins. Nous rentrons au collège, frissonnants. Dans la salle des professeurs, j'essuie mes cheveux dégoulinants avec le torchon du lavabo. Je ressemble à un balai à w.-c. Vieille Poupée affirme :

— Le comptable vient d'arriver, il a une allure de croque-mort.

Ce n'est pas le comptable, mais l'inspecteur. Il a, en effet, une allure rigide, mais l'œil acéré. J'avais prévu un contrôle dans cette classe de 3ᵉ, mais l'inspecteur me signale que c'est impossible. J'improvise donc un cours dans le couloir qui nous conduit à la classe. Je n'ai pas le temps de m'énerver, mes neurones travaillent en accéléré. J'ai peur que les élèves aient oublié leur livre, leur classeur, leur cervelle…

Nous sauverons les apparences. Je ferai une faute d'orthographe au tableau, je me rappelle encore que c'est sur le mot « opprimé ». Je crois aussi que la petite Édith a posé une question fondamentale sur « féminisme » et « féminin », et que le croque-mort a aimé cela. J'ai froid, car mes vêtements sont mouillés. Plus tard, pendant l'entretien, l'inspecteur répondra à mes questions de façon laconique, en me donnant le numéro du Bulletin Officiel concerné. Il semble en avoir une connaissance phénoménale.

— Et lorsqu'on fait lire les élèves, faut-il…

— BO, mars 1987.

— Vous m'avez parlé de l'entrecroisement des séquences ?

— BO, juin 1985.

Il émaille son discours de citations latines et grecques, sans traduction. Un personnage baroque que je reverrai dix ans plus tard, lorsqu'il viendra entériner l'agrégation.

Je me rappelle qu'en ouverture du cours – la scène d'exposition de l'Avare –, il me donnera la réplique, jouant avec beaucoup d'emphase le rôle de Valère. Je me souviens aussi qu'au cours de l'entretien, j'ai confondu mon indice et mon échelon. Vieille Poupée ne s'acharne plus sur moi. Elle a trouvé de nouvelles victimes, plus jeunes, plus nanties à ses yeux. Taciturne et Pisse-vinaigre sont morts. Je fais partie des meubles. Madame Buisson et ses amies me parlent désormais comme à une connaissance.

Quelques visages d'élèves émergent : Cédric, qui veut me frapper et qui ne s'arrêtera qu'au dernier moment, alors que je lui retiens le bras ; Louise, une petite gitane à qui j'apprends à lire. Elle est en 5ᵉ, hébétée, parce qu'elle ne comprend pas ce que l'on attend d'elle. Les lettres ne veulent rien dire. Trop d'absentéisme l'a empêchée de parfaire le déchiffrage et elle s'est laissée glisser dans un naufrage douloureux et muet. Elle est petite, frêle, blonde. Elle ne parle jamais. Nous lisons une histoire tirée d'une revue pour enfant. Je la raconte et, de temps à autre, lui laisse un mot à compléter. On a revu tout le syllabaire. J'attends. Et tout à coup, elle comprend que les lettres se combinent et que du sens apparaît. Son visage s'éclaire magnifiquement. Elle sourit et entame laborieusement un déchiffrage qui deviendra de plus en plus fluide au fil des semaines. Elle sera l'une des plus grandes joies de ma carrière. À travers elle, je retrouve l'excitation et la joie qui m'avaient envahie, enfant, lorsque j'avais lu seule une réclame. Je crois que c'était « Du bo, du bon, Dubonnet ».

Puis je revois les yeux de Karim. Il a l'air si fatigué.

— Tu veux sortir, Karim, ça ne va pas ?

— C'est que, Madame, j'ai mal à la tête ! Ce doit être tous ces événements.

C'est trois jours auparavant que nous avons appris « ces événements » : son père a tué sa belle-mère et l'a transportée pendant quinze jours dans le coffre de la voiture. Douze ans avant, il avait tué la mère de Karim.

Et Loïc, assassiné à 14 ans à coups de bâton par un ancien élève, plus paumé et plus violent que lui.

Et monsieur O… Son fils a épuisé toutes les ressources disponibles de patience ou de lâcheté de l'équipe enseignante.

Pendant la réunion qui expulse de l'établissement la chair de la chair de monsieur O, ce dernier hurle :

— Vous entendrez parler de moi !

Nous ne l'avons pas exactement entendu parler, mais quinze jours après, le collège était mis à sac pendant un week-end. Pas une porte, pas un objet n'avaient résisté à cette vengeance méthodique. Monsieur O avait même laissé son blouson dans la salle des professeurs, en signature. La directrice ne portera pas plainte, effrayée par d'éventuelles représailles. On remplacera portes et fenêtres en miettes, on rachètera des ordinateurs, une imprimante, on réparera les tables et O reviendra – probablement – quelques jours plus tard vandaliser le secrétariat qui avait été épargné lors de la première expédition. Désormais, les raids d'O serviront de datation à l'intérieur du collège.

Je ne me sens pas usée. Pas encore. Je crois qu'il est nécessaire d'être exigeante, que rien n'est impossible. Que la difficulté ne réside pas dans les textes, qu'il faut oser. Je me souviens d'une classe de 3e faible en train de discuter d'un poème de Mallarmé.

— Y'a du boulot, Madame ! Il a vraiment pensé à tout ça quand il l'a fait ?

— En tout cas, nous avons trouvé de quoi dire beaucoup ! Ça prouve que le texte a de l'épaisseur.

Ils préfèrent Hugo ou Rimbaud. Et argumentent leurs préférences, à leur manière. Ils aiment sentir que le poète a fait du « boulot » au niveau des rimes et des rythmes. Qu'il a passé des nuits à se creuser la tête pour accorder « des mots pas possibles, limites du français ». Je rentre chez moi, heureuse de ces moments-là.

Je compare alors souvent l'exercice de mon métier aux tribulations du dromadaire dans le désert… Pourquoi ? L'animal est noble, robuste, économe puisqu'il n'étanche sa soif que lorsqu'il le peut, dans des oasis ou des sources saumâtres. Parfois, il mastique rêveusement quelques épineux. Il se contente souvent de puits douteux ou de liquide salé. De temps à autre, cependant, c'est la divine surprise :

— Merci, Madame, je crois que j'ai compris.

Ou :

— Vous lui avez donné de l'intérêt pour la matière.

Ou encore :

— C'est déjà l'heure ?

Comme si, à travers les épineux, avait germé contre toute attente une jolie petite touffe d'herbes luisantes… Le dromadaire la gobe, la mastique, la régurgite et la garde à vie dans son panthéon intérieur.

En ce temps-là, j'étais dromadaire.

7 – Au secours !

J'écris furieusement, pour comprendre comment on peut se retrouver aussi découragée au bout de trente-cinq ans. Je suis arrêtée une semaine, je vais reprendre mon souffle.

J'ai téléphoné et pris rendez-vous chez monsieur Deniset, psychothérapeute de son état. C'est lui qui m'a demandé de relater mes souvenirs.

Il a une petite soixantaine bedonnante, une mèche à contre-courant, comme Giscard, pour cacher sa calvitie, mais il n'y a que lui pour penser que le procédé est efficace. Il arpente son bureau avec de grands gestes. De temps à autre, il s'assied et place ses mains devant lui, à plat, comme deux étoiles de mer échouées. J'ai du mal à accepter qu'il me faille payer un spécialiste pour raconter ma vie. J'ai l'impression que tous mes ancêtres paysans, bien plantés sur leur sol de terre battue, dans leur ferme sommaire, me regardent comme la dernière des mauviettes. Deniset hoche la tête avec commisération devant mes radotages, du moins est-ce ainsi que je transcris son attitude. Cependant, j'avance. De temps en temps, le psychothérapeute intervient.

— Pourquoi attendiez-vous ce comportement de sa part ?

Nous parlons de Paul, qui se situe dans ma vie

sentimentale entre mon ex-mari et Dimitri. Paul était un collègue sympathique et nos relations ressemblaient à des montagnes russes. Nous savions tous les deux que cela ne pouvait pas durer, mais parfois, nous nous amusions bien ensemble et nous n'avions pas toujours envie de regarder au-delà de la courbe suivante.

Deniset me demande d'explorer plus profondément mon passé d'enseignante.

Revenue à mon bureau, je fixe, vaguement hébétée par tant d'introspection, la tranche verte du Grevisse.

Le champ de mes souvenirs ressemble à une exploitation de pétrole. Au fond d'une carotte, dans un puits profond, remonte l'image de celui qui ne voulait pas qu'on lui « touche le verrou ».

8 – De l'utilité des verrous

Simon a la quarantaine fatiguée. Une maladie mentale le ronge sourdement, mais madame Buisson et Vieille Poupée disent qu'il ne s'est jamais remis de son divorce et qu'il est juste excentrique parce qu'il a un tempérament d'artiste. Il est professeur de physique et range son matériel dans une vieille armoire qu'il cadenasse après chaque cours. Je suis déléguée du personnel. Il m'attend à la sortie d'un de mes cours, tremblant, et clame :

— Je dois te parler d'un problème grave !

— Des élèves ?

— Non ! Des collègues… Ils m'ont touché le verrou.

La phrase éveille chez moi une immédiate connotation sexuelle. Je ne vois pas quel verrou a été touché ; je crois à une métaphore qui, dans le contexte du collège, me semble aussi impossible que saugrenue. Qui a bien pu lui toucher le verrou ? Vieille Poupée ? Madame Buisson ? Le clan des Anciennes du temps où les élèves travaillaient ? Je me perds en supputations extravagantes, mais Simon s'impatiente et devient très nerveux. Je hasarde :

— Que veux-tu que je fasse ?

— Les en empêcher…

Cela ne paraît évident qu'à l'intéressé. Je tente à nouveau :

— Je dois transmettre à qui ta demande ?

— À ceux qui me le touchent !

Puis s'ensuit un pamphlet délirant sur mes collègues qui, du coup, apparaissent comme une bande de pervers, organisés en secte iconoclaste envers les verrous.

— Bien, Simon ! Je leur transmettrai.

L'affaire en reste là. Vieille Poupée rajoute un couplet sur le divorce de Simon et dit que nous devons le soutenir dans son épreuve – il est divorcé depuis dix ans –, madame Buisson et le clan des Anciennes ne disent rien. Les nouveaux enseignants se demandent où ils sont tombés et je pense aux mots de bienvenue de Taciturne.

Peu de temps après, Simon me demande un rendez-vous urgent à la récréation d'un mardi quelconque. Deux minutes avant la sonnerie, il jaillit dans ma classe et, tapant sur le cadran de sa montre, m'indique que j'ai une minute de retard. Je fais rapidement sortir les élèves. Simon m'entraîne en haut des escaliers centraux, l'endroit qu'on pourrait qualifier de passager, public, exposé aux regards de tous : secrétaires, personnel, élèves et même fournisseurs ou parents. Je ne vois de plus fréquentés que les quais du métro ou un grand magasin le premier jour des soldes. Dire qu'il est énervé est un euphémisme. Il est hors de lui. Il rugit :

— Tes élèves me traitent de pédé !

Je ne vois pas qui seraient particulièrement « mes » élèves, mais je sens bien que l'heure n'est pas à la sémantique. Il continue, hurlant :

— Je suis pas un pédé, tu comprends ? Je te prends, toi, ta mère et ta grand-mère !

Je trouve son projet très ambitieux, d'autant que ma

mère et ma grand-mère sont décédées, mais je me garde bien de le lui signifier. Il gesticule, reprend :

— Je te prends, toi, ta mère et ta grand-mère et toutes celles de ces petits pédés.

J'entrevois une silhouette qui monte l'escalier et qui rebrousse chemin, sans doute devant l'énormité du projet sexuel. Les secrétaires ont entrebâillé la porte de leur bureau pour suivre le débat, quelques élèves marquent un point fixe, une des Grandes Anciennes s'engouffre dans la salle des professeurs en faisant semblant de n'avoir rien remarqué. Je balbutie :

— Peut-être, Simon, qu'on pourrait aller discuter de cela dans ton labo ?

Mais Simon n'entend rien et réitère son programme prétentieux, dans lequel il inclut maintenant tout le personnel féminin du collège. La sonnerie de la fin de la récréation me délivrera du malheureux présomptueux. Je saurai plus tard qu'il avait demandé à certains élèves – en toute simplicité – s'ils étaient homosexuels et que ces derniers, croyant que l'heure des confidences était arrivée, lui avaient demandé à leur tour s'il l'était.

Il rentre quelques jours après dans le bureau de la directrice avec un nouveau projet bien arrêté.

— C'est aujourd'hui que je vous viole !

Elle passera une heure terrible à l'en dissuader et ressortira de son bureau lessivée nerveusement. Elle pleurera devant nous. Le clan des Anciennes la regardera avec commisération, Vieille Poupée ne parlera plus de son divorce. Un vent de panique souffle.

Peu de temps après, Simon sombre définitivement. Une

du clan des Anciennes entend frapper à sa porte pendant un cours. Elle ouvre, ne voit rien de prime abord, s'attendant à trouver quelqu'un face à elle. Simon est à quatre pattes et fait un signe avec son doigt sur sa gorge, il veut manifestement immoler quelqu'un. Mais qui ? Les élèves tétanisés comprennent qu'il ne faut pas rire. Toujours rampant, Simon part à la recherche de ses victimes : il est persuadé que deux petites sont des suppôts de Satan et lui veulent du mal. Il croit également que des tueurs sont postés sur les toits de l'établissement et veulent l'abattre, tandis qu'un « homme en blanc » communique avec lui par l'intermédiaire de sa montre. Il sera interné le soir même.

Il est difficile de donner aux élèves une explication rationnelle. Je pense que chez ceux qui en furent témoins court encore une fable où se mélangent la drogue, la nervosité et le dur métier d'enseignant.

— Bienvenue dans cet asile psychiatrique, avait prophétisé Taciturne.

Croyait-il si bien dire ?

Monsieur Broussard est professeur d'EPS. Il est haï des élèves, je ne tarderai pas à le découvrir. Je suis missionnée pour l'accompagner lors d'une sortie à la piscine. Je monte dans le car, Broussard aussi. Aussitôt, les remarques fusent de tous les coins du véhicule.

— Tire-toi, connard.

— Connard toi-même, répond l'intéressé gracieusement.

C'est sans doute ce que l'on appelle un dialogue pédagogique musclé. J'écoute, effarée, les invectives se multiplier sur le trajet.

— Je nique ta mère ! (Un grand classique indémodable)

— T'es con ! (Un constat)

— Je vous emmerde tous ! (Broussard dans ses œuvres)

À la piscine, il plonge avec un maillot trop grand ou trop avachi et chaque entrée dans l'eau s'accompagne d'un salto charmant de ladite pièce – ô combien nécessaire – aux chevilles de l'intéressé. Les élèves sont en délire au bord du bassin, ils applaudissent, en redemandent. Broussard pense-t-il qu'ils admirent sa performance de plongeur ? En tout cas, il récidive fièrement. J'ai dépassé l'effarement, je ne tente rien, je suis passée de l'autre côté du miroir, mais je ne suis pas au Pays des merveilles. Le retour sera courtois et raffiné.

— M'sieur ! Vous avez acheté votre maillot à Emmaüs ?

— Pourquoi tu dis ça, petit con ?

— Parce qu'on a vu vos roustons, tout à l'heure !

— Ferme-la, reprend Broussard, sinon, je vais t'en coller une !

Au retour, madame Buisson me demande si ma sortie a été bonne, je ne trouve rien à répondre de sensé. Trois mois plus tard, Broussard deviendra la vedette d'un fait divers, il tentera de tuer sa femme de plusieurs coups de couteau. Exit Broussard.

Bienvenue dans cet hôpital psychiatrique…

9 – Faut-il mordre Dimitri ?

Je tente de me distraire, je regarde des films amusants prêtés par une amie, j'ai des visites, je lis, j'écoute de la musique. Et pourtant, je me sens fatiguée et cotonneuse, comme si je me promenais dans un drôle de brouillard grisâtre.

Dimitri m'a apporté des élixirs variés et des livres de développement personnel. Il me recommande chaudement *Je suis heureux enfin...*, écrit par un quelconque chaman au visage agressivement souriant. Il vibrionne dans le salon en chantonnant.

— C'est un type formidable, qui s'est sorti d'une grosse dépression...

— Je ne suis pas déprimée.

— Tu es dans le déni. Tu n'assumes pas ce que tu considères comme une faiblesse, ajoute Dimitri en me caressant la main. Mais ce livre peut t'aider à prendre conscience de tes paradoxes. Et ils sont nombreux.

Je crois que je vais mordre Dimitri. Au lieu de quoi, je le regarde avec ce qu'il prend pour un accès de tendresse, il en profite pour m'embrasser.

Je me raidis et le repousse doucement à l'autre bout du canapé.

— Je n'ai pas le cœur... Je suis fatiguée et j'ai envie d'être seule.

Il comprend, bien sûr. Lui aussi a eu des moments difficiles.

— Avant de partir, fais-moi plaisir. Prends quelques gouttes.

Il me montre un flacon orange. Il sort un verre, le remplit d'eau et verse de la potion.

— Je vais te dénoncer à l'Inquisition et on te brûlera.

Dimitri se met à hennir devant ma blague désespérée. J'avale le liquide et ergote dans un dernier effort pour le laisser partir.

— Ça y est… Tu peux y aller, je vois la vie en rose.

Sa main caresse mes cheveux, la porte se referme. J'ai envie de pleurer et ne sais même pas pourquoi. Je me déteste devant tant de minauderies, alors qu'une partie de l'humanité survit dans la misère, les guerres fratricides et autres joyeusetés. Je m'installe à mon bureau pour écrire. Au moins, je vais faire quelque chose d'utile. Deniset sera content.

« Te voilà complètement à la merci de gourous. L'un te fait parler de toi et l'autre te gave de potions magiques. Ma pauvre fille, tu files du mauvais coton. » J'énonce ces constats devant l'ordinateur qui ne me répond pas, le reflet de l'écran me renvoie l'image d'une créature mal coiffée, aux yeux cernés, au regard torve.

Dimitri revient le lendemain avec ses neveux, deux gosses morveux et mal coiffés aux prénoms impossibles, des noms de lacs, semble-t-il. Érié ? Évian ? Pas Titicaca tout de même ? L'une est enveloppée dans un doudou crasseux et se couche sur le canapé, l'autre sautille en braillant dans la cuisine.

— Léman ! Chante doucement, parce que la dame est fatiguée.

Je sais gré à Dimitri de tenter de juguler les cris de sirène de son lac de neveu. Par la même occasion, j'en déplore l'absence d'effet sur Léman qui hulule avec beaucoup de cœur.

La petite Constance s'est endormie, bercée par la mélopée de son frère. Dimitri m'entreprend sur les effets de sa potion orange. Devant mon scepticisme, il hoche la tête d'un air entendu.

— Ma grande… Je sais que tu ne me prends pas au sérieux et que tu ne partages pas tout ce en quoi je crois. Mais… Excuse-moi d'insister. Dans l'état où tu te trouves, de détresse aussi bien physique que morale, tu devrais m'écouter un peu plus. Tu vois, t'es un peu comme une barque sans godille. Je te lance une corde pour t'amarrer et tu ne la veux pas.

Léman pousse à ce moment-là des cris qui n'ont plus rien d'humain et frotte sa morve sur le rebord du canapé. Je tremble.

— Dis au petit de diminuer le volume… Ma tête va exploser ! Et laisse ma barque divaguer. Je ne veux pas de potions orange ni de corde pour m'amarrer. Je veux partir dans tous les sens, utiliser la chimie et je ne veux pas lire ce bouquin.

Ma voix est pleine de trémolos et je déteste ce pathos qui commence à affleurer.

Dimitri prend sa nièce endormie sur ses épaules, traîne Léman qui ne veut plus partir vers la porte, tout en m'affirmant :

— Je comprends ta réaction, ne t'inquiète pas. Je reviendrai quand tu iras mieux. Je t'avais amené les enfants pour te distraire, mais je crois que c'était une erreur. À bientôt ! Repose-toi.

J'esquisse un mouvement de la main qui peut passer pour un au revoir. Je m'affale sur le canapé après avoir essuyé la morve de Léman. Je me sens vidée et triste. Tant bien que mal, je prends mon ordinateur et m'astreins à écrire ma ration quotidienne de souvenirs.

C'est une sortie scolaire en Angleterre qui vient me distraire un moment de la morosité.

10 – Les voyages
déforment la vieillesse

Les voyages sont nombreux et font partie de la politique du collège. Les enfants sortent peu et l'établissement propose des solutions de paiement avantageuses pour inciter le plus grand nombre à voyager. Parfois, pour des balades d'une journée, nous acceptons les parents.

C'est une sortie aux Saintes-Maries-de-la-Mer. Une mère et sa fille nous accompagnent. Elles vivent dans une ferme perdue au pied d'une montagne. Le mari s'est suicidé l'année précédente, entraînant ce sobre commentaire de l'épouse :

— Il est sans doute mieux où il est. Nous, en tout cas, on est plus tranquille. Ça fait pas plaisir sur le moment, mais tout compte fait, c'est bien.

À dix kilomètres du collège, la dame, énorme, habillée de manière touchante d'une robe à pois jaunes, s'écrie :

— On avait poussé jusque-là pour notre voyage de noces. Je ne suis jamais allée plus loin !

Elle n'a jamais vu la mer, non plus, et se jettera dans l'eau tout habillée, avec une joie enfantine.

Le souvenir me fait sourire. Le lendemain, chez Deniset, je raconte mes relations avec Dimitri. Il m'écoute, avec ses deux étoiles de mer sur son bureau. De temps à autre, il penche la tête, puis se lève et vient s'asseoir dans un fauteuil en face de moi.

— Vous avez peur d'être seule ? demande-t-il abruptement.

Je ne sais pas. Je ne me suis pas posé cette question. Mais, pourquoi pas… ? Cela expliquerait peut-être le fait que Dimitri m'irrite en permanence. Cependant, au point où j'en suis, je ne suis sûre de rien. Je n'ai pas de réponse. Je suis tellement fatiguée que je ne sais plus réagir normalement.

— Qu'est-ce que vous entendez par « normalement » ?

— Avec mesure et objectivité…

Deniset s'étire les doigts et me regarde, me propose de revenir à la séance suivante sur ce que je viens de dire et m'encourage à continuer d'écrire mes souvenirs.

Dans la soirée, je reviens à mon ordinateur et au récit de voyage que j'avais entrepris.

11 – So British

Le collège organise une année sur deux un périple en Angleterre. Cette année-là, Londres est choisie comme destination. Nous sommes quatre accompagnateurs, dont le professeur d'anglais, naturellement ; ses nerfs sont de verre soufflé. Un groupe de 3ᵉ plutôt sympathique.

Le seul susceptible de provoquer des ennuis, Romain, arrive les mains pleines de monnaie sur le ferry. Il a joué – à notre insu – et gagné le jackpot. Nous sommes paradoxalement rassurés, un tel argent de poche pour le voyage nous évitera de le surveiller. Il nous offrira même de la guimauve, en grand seigneur. De fait, le danger est comme l'amour, la chance ou le ballon de rugby : il arrive souvent de l'endroit où on ne l'attend pas.

Tout semble s'enchaîner harmonieusement : British Museum, Kew Garden, Madame Tussaud… On ne déplore qu'une douche qui déborde et une chaise fendue. Nerfs-de-verre se détend. Nous voilà de retour, à Douvres, plus que quelques minutes et nous allons reprendre le ferry pour la France. Romain croule sous les souvenirs achetés légalement. Le CPE se tourne vers moi et prononce cette phrase historique :

— Tout baigne ! Ça aura été un voyage sans histoires ! Ces mômes ont été super !

Au même instant, nous entendons une sirène, une voiture de police arrive, fait un dérapage contrôlé devant le bus. Deux policiers en jaillissent, frappent à la porte du véhicule. Le chauffeur ouvre. Et nous entendons :

— Collège Sainte-Marie-des-Anges ?

Nous ne nous savions pas aussi connus. Comme nous acquiesçons, l'homme en uniforme reprend, en consultant le feuillet qu'il tient à sa main :

— Ludovic Robert ? Stéphane Blache ? Yohan Sauroux ? Jean-Christophe Lasserre ?

Les quatre se lèvent. Les policiers demandent des accompagnateurs sachant parler anglais. Je pars avec Nerfs-de-verre et un autre collègue qui ne comprend pas un mot de la langue en question, mais qui sent qu'on peut avoir besoin de lui. Nous entrons dans le panier à salade, sirènes hurlantes, et partons vers le commissariat à toute vitesse. Dans le véhicule obscur, nous sommes posés sur de petits bancs étroits et inconfortables. Mais je sais que ce voyage ne va rien avoir de récréatif. Nerfs-de-verre demande à la bande des quatre :

— Vous avez quelque chose à vous reprocher ?

— Je crois pas, fait Yohan.

Mais sa voix manque d'assurance. Je frémis et crains le pire.

— Si vous avez fait une bêtise, c'est le moment de le dire, on gagnera du temps. Alors ?

— Peut-être qu'on n'a pas été correct ? fait Ludovic avec une mine de crétin parfait.

— Tu crois que la police anglaise s'occupe de types qui ne sont pas corrects ?

Elle chevrote en le foudroyant du regard.

Nous arrivons au commissariat. La lumière est crue. On nous guide vers un bureau sobre. Nerfs-de-verre s'écroule sur une chaise de fer. Elle commence à traduire ce qu'un petit homme moustachu est en train de nous expliquer avec calme. Elle ouvre vite des yeux effarés, sa bouche est béante. Mais elle commence son travail d'interprète.

— Un collier d'une valeur de dix mille francs a été volé dans la famille où étaient les quatre garçons, ainsi qu'un pendentif en or avec sa chaîne et une bouteille de whisky de vingt-cinq ans d'âge.

Là-dessus, Nerfs-de-verre choisit de s'évanouir pour faire bon poids. Mon collègue la soutient. Me voilà promue traductrice officielle. Moustachu m'annonce que lui et ses collègues vont procéder à des fouilles au corps et que les quatre vont être séparés. Je suis Jean-Christophe dans un minuscule bureau, pendant qu'un grand rougeaud commence la fouille des bagages. Il n'y a que du linge sale. Jean-Christophe affirme qu'il dormait et que si les autres ont fait quelque chose, il ne s'est rendu compte de rien. Il a l'air sincère et coopératif. Je traduis tant bien que mal. Nous revenons dans le bureau central. Stéphane est vert de peur, Yohan fixe ses chaussures et Ludovic écoute Nerfs-de-verre, qui s'est ranimée, hurler d'indignation.

Ils ont avoué : les bijoux ont été donnés ou prêtés – on ne sait pas – à la petite amie de Ludovic. Poliment, un policier me demande de l'accompagner au bus pour récupérer le butin. Je repasse dans le panier à salade, les sirènes sont déclenchées, je me sens presque comme une habituée dans l'habitacle.

Nous revenons avec Jessica, tremblante, qui m'affirme :

— Je croyais que c'était du toc, Madame ! Et qu'il me les avait achetés !

Je suis hors de moi, je la trouve bête à pleurer, j'ai envie de la prendre et de la secouer. Dans le commissariat, trois sont dans une cellule ; Jean-Christophe, dédouané par ses camarades, est assis sur un petit tabouret. Jessica a déjà le visage barbouillé de pleurs et de morve. Elle tend le collier à l'inspecteur : un magnifique pectoral avec des diamants, puis le pendentif représentant un signe du zodiaque. Elle se liquéfie pendant que je lui traduis approximativement le discours de Moustachu. Nerfs-de-verre s'évente avec sa main gauche. Nous attendons quelque chose que je n'ai pas compris. Grand Rougeaud nous offre gracieusement un café et exprime toute sa compassion lorsqu'il saisit que nous appartenons à une école privée. Il ne doit pas en avoir la même représentation que nous, sans doute voit-il un univers strict avec uniformes, bâtiments de briques rouges et chapelle gothique. Moustachu a l'air préoccupé et nous informe que si la plainte n'est pas immédiatement retirée, nous devrons rester en Angleterre avec les trois larrons. Nerfs-de-verre traduit mécaniquement, elle a dépassé le stade de l'évanouissement. Ma colère se transforme en rage noire. Après quelques coups de fil, Moustachu nous informe que l'hôtesse a permis que nous passions la frontière avec le groupe, mais que la plainte court toujours. Néanmoins, il ne sera pas nécessaire, juridiquement, de rester bloqués à Douvres.

Nous quittons le commissariat dans un état indescriptible : Jessica est transformée en cascade de larmes, Yohan a les yeux plus rouges qu'un lapin atteint de myxomatose, Stéphane enfonce son menton dans une écharpe du Manchester United, Nerfs-de-verre tremble et tente en vain d'allumer une cigarette. Mon estomac est un creuset bouillant. Nous arrivons au bus, nous y montons dans un silence de mort. Le CPE a changé notre billet de retour. Il est désormais 1 heure du matin et nous embarquons dans quelques minutes. La Manche est agitée, j'ai oublié de prendre mon cachet antiroulis, il ne me reste plus qu'à me coucher misérablement sur une banquette, roulée en boule.

Nous avons organisé un conseil de discipline tout de suite après notre arrivée. Stéphane, Yohan et Ludovic seront renvoyés définitivement, Jessica écopera d'une semaine de mise à pied.

À chaque voyage suivant en Angleterre, nous aurons toujours un moment de doute sur le parking du ferry…

12 – Winners et losers

Les jours se suivent sans forcément se ressembler. Je veux imaginer un mieux dans les vertiges, le moral ballotte entre *La cloche de détresse* de Sylvia Plath et *Fantasia chez les ploucs*. Dimitri n'est pas revenu. Deniset est en congé. J'ai repris le travail. Un peu au radar, mais pas si mal, en fin de compte. Le fait de penser préparations, corrections, transmission me fait oublier un temps mes errements de « barque sans godille ». Je n'oublie pas non plus d'écrire.

Tandis que j'aligne les signes sur l'ordinateur, je pense aux innombrables rencontres parents-professeurs que nous baptisions « grand-messe », tant elles obéissaient à un protocole ritualisé, ou « confessionnal » parce qu'à Sainte Marie des Anges, elles offraient des moments d'intimité parfois inattendus avec les géniteurs des « chères têtes blondes ».

Il existe au collège une famille bien connue dont le nombre d'enfants est tel que, pendant vingt ans, j'aurai toujours un membre de la fratrie dans une des classes. Ils sont élevés par une mère seule et déterminée à le rester, qui choisit ses géniteurs uniquement en fonction de l'apparence qu'elle compte donner au futur bébé. Du moins est-ce ainsi qu'elle présente les choses.

— Celui-là, dit-elle rêveusement, c'est un loupé. Parce

que je m'étais tapé un blond et il est sorti noiraud comme ma mère !

La douce créature manipule des téléphones portables en quantité industrielle, invective son fils aîné – en apprentissage chez un coiffeur – en le traitant de pédé et préside un conseil de parents d'élèves dans le primaire où quelques-uns des derniers exemplaires de sa production sont scolarisés. Elle brame, la main sur le cœur, n'avoir à l'esprit que l'avenir de ses enfants, tandis qu'elle fait les boutiques de la ville avec sa mère, une énorme créature aux bas boudinés sur les chevilles et au verbe haut.

Son fils Boris est actuellement en 4ᵉ. Pas mauvais diable, il ne sait pas trop ce qu'il fait à l'école et manque souvent quand sa mère a besoin de lui pour garder les plus petits. Il est astucieux et débrouillard, il ne sait pas parler avec les adultes, ce qui passe aux yeux de certains collègues pour de l'insolence. Il est décalé. L'école, dans sa logique de gamin, est une parenthèse à la rue. Et Boris est facétieux. Régulièrement renvoyé des cours de Vieille Poupée, il décide un jour de s'amuser.

Il rentre dans la salle de classe et fait semblant de la braquer avec ses deux doigts tendus en faisant « Pan ! Pan ! » Vieille Poupée étouffe d'indignation, hurle, apostrophe le facétieux qui ne comprend pas la gravité de son acte.

— Mais rendez-vous compte, Boris ! rugit-elle. Vous seriez rentré dans une banque et vous auriez braqué le caissier comme vous venez de le faire, et c'est à la police que vous auriez affaire !

— Je voulais juste faire une blague, répond le

malheureux qui ne sait pas encore que la foudre est en train de s'abattre sur lui.

Vieille Poupée convoque le ban et l'arrière-ban, arrive à persuader quelques-uns de la gravité exceptionnelle du geste de Boris, demande et obtient la tenue du plus absurde conseil de discipline auquel il m'aura été demandé d'assister.

Nous sommes présents. Boris est là et se cure le nez. Sa mère se fait attendre une demi-heure, arrive, s'assoit, aligne devant elle trois téléphones portables en faisant comprendre qu'elle n'a pas que ça à faire.

— J'ai des gosses malades à la maison et, si je suis appelée, faudra que je m'en aille fissa !

C'est le professeur principal qui ouvre le bal.

— Boris, je t'ai fait confiance, j'ai voulu faire de toi un winner (Seigneur, où prend-il ce vocabulaire ?) et tu m'as trahi. Tu as agressé madame Sastre.

Il désigne Vieille Poupée qui prend l'air de celle qui a reçu les derniers outrages.

— As-tu quelque chose à dire pour expliquer ton acte ?

— C'est une blague…, dit Boris en s'enlevant une crotte de nez.

J'ai honte de ce procès qui est en train de se dérouler comme il a commencé, dans la crétinerie la plus avancée.

— Non ! tonitrue le professeur principal. C'est grave. Si on ne t'arrête pas maintenant, plus tard, c'est la police qui le fera.

— Et ils seront moins gentils que nous ! glapit Vieille Poupée qui est, en effet, experte en gentillesse.

— Si vous voulez mon avis, fait la mère en tripotant ses

portables, c'est pas bien grave, tout ça. Le gamin, il a voulu s'amuser et y'a pas de quoi en faire un flan !

Un flan ! Vieille Poupée est à l'agonie. Elle a été agressée et, d'ailleurs, elle a eu peur ! Oui ! Peur ! Pendant un petit moment, le temps qu'elle réalise qu'il ne braquait pas un pistolet, mais ses deux doigts sur elle. Et on voudrait faire croire que c'est une blague !

Le professeur principal reprend la main, il est celui qui domine la situation et ne se laisse pas envahir par les affects.

— Boris, j'aimerais que tu réalises que ce que tu as fait est grave.

— Si vous voulez, fait Boris, conciliant. Je le croyais pas, mais maintenant, je réalise que j'aurais pu avoir affaire à la police et tout ça, quoi !

— Ce n'est pas exactement ce que j'ai voulu dire, reprend le Winner, mais l'essentiel, en effet, est que tu t'en rendes compte. Nous allons réfléchir à une sanction. Aussi, je demanderai à Madame et à Boris de sortir un moment pour que nous prenions une décision.

Les débats seront houleux ; je suis exaspérée, Vieille Poupée m'accuse de démagogie et de manque d'esprit de solidarité. Je refuse le renvoi. Le Winner propose des mesures éducatives, un suivi plus strict de Boris et peut-être un tutorat où on lui apprendrait à ne pas faire le loser. Il en sera ainsi. En quittant la salle, une fois le verdict prononcé, la mère lancera :

— Vous êtes tous des cons.

Et elle avait raison.

13 – La vie est une comédie ?

J'ai souvent eu l'impression d'assister à une mauvaise comédie où j'étais une actrice sachant mal son rôle. Est-ce ce décalage si souvent ressenti qui fait de moi une loque aujourd'hui ? Aurais-je abusé du théâtre sans en avoir les dispositions ? Je pose la question à Deniset qui est revenu de vacances.

— Vous savez… Tout le monde joue plus ou moins une comédie sociale. Sinon, les rapports humains seraient bien plus difficiles qu'ils ne le sont. Vous ne pouvez pas exprimer votre vérité en permanence. Et d'ailleurs, rien ne garantit que ce que vous ressentez est le parangon de la justesse. Mais si l'on s'appuie sur vos ressentis, on sent un véritable malaise et là est peut-être le nœud de votre mal-être. Vous avez l'impression de jouer dans une mauvaise pièce. Peut-être l'impression de ne pas être à la bonne place… ?

J'acquiesce, tandis que je sens mes yeux s'humecter comme si nous avions touché là une corde sensible. Le mot de « place » vient de sonner étrangement dans ma cervelle. Il sonne contre le décalage permanent que je ressens sans vraiment me l'avouer – Dimitri serait content – avec ce qui m'entoure.

Deniset me tend la boîte de mouchoirs. Je me sens à la fois misérable et imperceptiblement soulagée.

— En ce moment, qu'est-ce qui vous fait du bien ? demande Deniset en pianotant avec ses étoiles de mer.

— Écrire… J'ai l'impression de structurer ma pensée en structurant mes phrases…

Une heure plus tard, après un thé et un ménage frénétique du salon, je reprends le fil des souvenirs sur mon ordinateur.

14 – Fanny prend son envol

Boris a une tante dans l'établissement, qui travaille comme femme de ménage. Fanny est une fille sympathique, ouverte et qui, pour le grand bonheur de la direction, travaille sans rechigner, n'hésitant pas à effectuer des heures non payées si elle n'a pas pu terminer le travail imparti dans les délais.

— Une perle comme il en faudrait bien davantage, dit madame Buisson.

Fanny a le visage rond, des cheveux frisés qu'elle attache généralement en queue-de-cheval, elle enveloppe ses rondeurs dans un tablier bleu. Elle a épousé, il y a quelques années, Claude, un jeune frère de la mère de Boris. Ce dernier est maçon et, en cela, il est le seul représentant de la famille à fréquenter le monde du travail. Fanny déplore souvent son manque quasi absolu de romantisme, mais elle se console parce qu'il a un métier et qu'il l'exerce. Claude se blesse. Il est en arrêt de travail. Pendant son congé, il invite un voisin à jouer aux cartes. Ce dernier vient du Nord avec sa compagne et porte haut et fort une cinquantaine sémillante. Il a un 4x4 noir. Et il avance masqué…

C'est un pêcheur. Il va initier Claude à la pêche nocturne dans un petit bras du Rhône. Les deux couples partagent pique-niques et sorties dans le rutilant véhicule. Et un soir, le sémillant enlève le masque.

— Un jour, Claude, je te prendrai ta femme !

Ce dernier ricane. Qui voudrait de Fanny à part lui ?

La compagne repart quelque temps plus tard vers des contrées lointaines. Et là commence le premier épisode d'un feuilleton extraordinaire.

Au collège, Fanny se métamorphose. Elle a coupé ses cheveux. Désormais, elle affiche une petite couronne de boucles, elle se maquille. Elle mincit. Elle est jolie et on le remarque. Comme je la félicite pour sa coupe, elle me répond :

— J'ai trouvé quelqu'un ! Il m'aime. Il dit que je suis belle. Je crois que je vais quitter Claude.

— Il est au courant ?

— Pas encore. Je ne sais pas comment le lui dire.

Dans la salle des professeurs, le clan des Anciennes bruisse de rumeurs. On y dit que Fanny fait n'importe quoi, que Claude est désespéré, que toute la ville ne parle que de cette affaire.

Fanny part avec le sémillant. Claude annonce son suicide. On le plaint. Il se console à la pêche. Une semaine plus tard, Fanny réapparaît au collège et reprend son travail comme si de rien n'était. À 17 heures, un soir, elle vient parler à une collègue et moi.

— Il était trop possessif, il voulait même pas que je sorte. Je me suis enfuie.

La sœur et la mère de Claude la traitent désormais de pute quand elles la croisent dans la rue. Le clan des Anciennes regarde à présent Fanny comme une femme vénale, l'exemplaire femme de ménage est devenue une croqueuse d'hommes sans morale. Claude a comme un accès de romantisme puisqu'il va proposer à Fanny de l'emmener au cinéma. Mais Fanny a peur. Le sémillant est revenu et il veut la récupérer. Il l'a dit :

— Claude, ta femme est à moi et, tôt ou tard, je la récupérerai !

Tous les jours, il attend Fanny devant le collège. Elle me demande souvent de contrôler si le 4x4 est garé à proximité. Si c'est le cas, elle quitte l'établissement par la porte de derrière. Elle nous fait fermer les fenêtres à sa place. Nous sommes quelques-uns à lui dire de porter plainte. Mais l'affaire est plus complexe que cela. Les semaines passent. Il s'installe comme une routine de surveillance du 4x4 que je suis désormais capable de reconnaître à plusieurs centaines de mètres.

Et un matin, Fanny ne sera pas au travail, ni le lendemain ni le surlendemain. Elle a disparu. Claude a fait passer un entrefilet dans le journal local :

« Avis de recherche de Fanny Bezot. C'est une femme d'apparence quelconque, avec un fort embonpoint, cheveux et yeux bruns. Le jour de sa disparition, elle était vêtue d'une robe verte. » On apprendra bientôt par l'une du clan des Anciennes, généralement très informée, que Fanny est passée par les bureaux de la police avant de disparaître volontairement avec le sémillant et qu'elle a déclaré :

— C'est un enlèvement d'amour, ce n'est pas la peine de faire des recherches…

Quelques mois plus tard, nous recevrons un faire-part de naissance, Fanny et le sémillant venaient d'avoir un petit garçon. Claude vit aujourd'hui avec une jeune nièce, il ne travaille plus et a perdu son goût pour la pêche.

15 – Dogmes en charpie

Dimitri est revenu. Je le trouve moins dogmatique, à moins que je ne sois devenue plus souple dans mes jugements. Il ne m'a pas apporté de remèdes miracles et je lui en sais gré. Je le verrais quasi séduisant dans sa tenue sortie directement des années hippies et je me sens presque à ma « place ». C'est alors qu'il affirme :

— Tu sais, ma grande, je te sens plus apaisée… Il est peut-être temps de faire des projets ensemble. Comme je te l'ai déjà dit, nous avons plus de points communs que tu ne le crois…

J'ai peur, je panique. Je l'imagine se mettre à genoux et me demander en mariage ou quelque chose d'alternatif, mais dans le même genre. Ma main se raidit dans la sienne. J'ai à nouveau le syndrome de la mauvaise pièce. Je n'entends plus ce qu'il me dit.

— … car je sais que tu tiens à ton indépendance et que tu as peur de t'engager !

Il caresse mon bras avec application. Je suis en nage et j'ai froid. Devant mon manque évident de collaboration, il renonce à m'enlever mon T-shirt et me regarde, mi-navré mi- apitoyé.

— J'ai parlé un peu tôt ! Oublie ce que je t'ai dit (ce ne sera pas difficile), nous reprendrons cette discussion quand tu seras plus disponible.

Je suis écrasée à nouveau par sa mansuétude. J'ai perdu ma godille. Il effleure gentiment ma joue, tandis que j'erre mentalement entre la rage et l'abattement. Je me tais, pendant qu'il prépare un délicieux repas biologique et équilibré en jacassant.

Nous mangerons, nous ferons l'amour avec plus ou moins de plaisir de mon côté, et je le regarderai dormir comme un bébé.

Deniset m'écoute avec attention. Je raconte ma soirée avec Dimitri.

— Pourquoi poursuivez-vous cette relation ? Que vous apporte-t-elle ?

Je bêle désespérément :

— Je crois que j'ai une forme d'affection pour lui… Et puis, il est tellement gentil…

Tandis que les mots sortent de ma bouche, je me sens d'une stupidité crasse. Le reste de la séance se passera à tenter d'y voir plus clair dans mes sentiments. Je termine le nez dans un mouchoir en papier.

Je reprends, un thé plus tard, l'écriture de mes souvenirs. Mes doigts courent sur le clavier et les images qui naissent sur l'écran me distraient de mes états d'âme.

16 – Douces musiques

La musique est enseignée par une collègue charmante, quelque peu distraite, rêveuse, voire détachée parfois des contingences de l'emploi du temps. Elle travaille lundi et mercredi, et intervertit l'inéluctable ordre chronologique avec une facilité aussi déconcertante qu'innocente. Elle va chercher la classe de 5e par laquelle elle commence le mercredi, mais nous sommes lundi. Il s'ensuit d'abord un dialogue insensé avec la classe.

— Bon ! Nous montons en salle de musique !

— Mais, M'dame ! On n'a pas musique, mais anglais !

— Espèce d'insolent ! Vous inventez n'importe quoi pour ne pas venir en cours de musique !

La classe se soulève. Elle veut avoir anglais, non qu'elle aime la matière d'une passion particulière, mais parce qu'elle veut que l'ordre des choses soit respecté. Elle n'aime pas qu'on lui intervertisse son lundi avec son mercredi. L'arrivée du professeur d'anglais vient régler l'épineux problème et la distraite part vite rejoindre ses élèves qui l'attendent en délire dans leur classe. Pour les calmer, elle pratique une méthode infaillible : la décimation.

— Nicolas, Élodie, Sébastien, Matthieu et Élise : trois heures de retenue mercredi prochain !

— Mais, Madame, j'ai rien fait ! Pourquoi moi ?

Certains braillent, d'autres hululent ou rugissent,

quelques-uns expriment bruyamment leur soulagement, bref, le brouhaha est à son comble. Mais l'évaporée tient bon, un sur dix sera collé.

D'une voix vaporeuse, elle susurre :

— Prenez vos flûtes ! Il ne faut pas oublier qu'aujourd'hui est un jour de contrôle.

Et là, commence un étrange rituel, bien réglé et fonctionnant à merveille. Les rares élèves qui ont appris la musique vont jouer pour ceux qui ne savent même pas mettre leurs doigts sur l'instrument : il suffit à ces derniers de prendre un air farouche et inspiré, de pianoter sur la flûte en play-back et le tour est joué.

Plus tard, dans la salle des professeurs, la rêveuse s'exclame :

— Vincent est un prodige ! Ce matin, il a interprété *L'hymne à la joie* avec une véritable sensibilité musicale. C'est un artiste !

Vincent représente pour nous tous le prototype même de l'abruti. Pour lutter contre l'ennui, il pique ses camarades avec la pointe de son compas, il se presse les boutons d'acné, il ricane sournoisement et possède une collection de revues porno dans son bureau. À ce propos, alors que ses parents avaient été convoqués pour lever le voile quant aux lectures de leur rejeton, le père avait eu ces paroles pleines de bon sens : « Bon Dieu, Vincent ! Moi aussi je lisais les mêmes choses que toi à ton âge, mais j'étais pas assez con pour me faire prendre ! »

Souvent, l'évaporée commence ses cours par une séance de yoga, afin de placer ses élèves dans les meilleures dispositions.

— Les enfants, fermez les yeux, placez vos mains jointes sur la tête, faites le vide dans votre esprit et modulez avec moi : mmmmmmmmmmmmmmmm…

Pendant ce moment de relaxation, Vincent et son groupe de prodiges musicaux se lancent un défi plus ou moins silencieux, celui de se livrer à la noble activité de la masturbation en restant uniquement dans le temps imparti à la détente. La distraite module dans une sorte d'extase. Ils s'activent. À l'arrivée, chacun a mené son parcours avec succès. Le cours peut commencer.

La rêveuse fait entendre aux chères têtes blondes un morceau de musique.

— Écoutez bien et dites-moi ensuite, en laissant parler votre cœur, ce que vous avez entendu ou ressenti.

La bande de Vincent cède alors la place aux malins inventifs qui préparent pendant leurs longues heures d'ennui des réponses originales.

— Alors, les enfants, qu'est-ce que ce morceau de musique évoque chez vous ?

— Une 2CV bleue dans le brouillard avec les phares allumés…

— Sublime ! Et vous ?

— La voix de ma grand-mère décédée…

— Magnifique…

— Une forêt épaisse remplie de petits lapins…

— Incroyable !

Dans la salle des professeurs, l'évaporée en a presque les larmes aux yeux devant tant de sensibilité. Les moyennes de la classe frisent l'altitude de l'Annapurna. Vincent plafonne à 19, grâce à ses compétences en play-back.

Nous prenons nos repas dans la salle des professeurs. La candide aime manger. Elle apporte un jour un repas à son image : extravagant et décalé. À savoir, vingt-cinq beignets aux pommes, froids et graisseux, recouverts de sucre roux. L'évaporée les avale avec délectation, puis se fait un thé au lait pour arroser le tout. Elle se sent lourde, la digestion semble s'effectuer avec difficulté. Mais elle trouve tout de suite le diagnostic pour ses problèmes :

— Quelque chose me pèse… Ce doit être l'eau du thé !

Nous resterons sans voix devant une telle pertinence.

17 – Vagues à l'âme

Je ne vois rien dans tous ces souvenirs qui explique les pleurs de l'autre jour et l'immense lassitude. À relire les signes alignés, il me semble même y distinguer comme un récit épique, avec une galerie de personnages pittoresques, mais en aucun cas des situations destructrices.

Dimitri m'a apporté des courgettes de son jardin. Avec une plante inédite qu'il a cueillie sur un talus voisin et qu'il a rajoutée à une salade. Il affirme :

— C'est un pur délice ! Et elle est bourrée de vitamines. Je t'ai fait aussi un cake à l'ortie.

Comment résister à un type qui vous fait un cake à l'ortie ? Pour l'instant, c'est la seule question qui me vient à l'esprit et je sens qu'elle manque d'à-propos.

— Tiens ! Mange !

— Tu es sûr que la plante que tu as cueillie est bonne pour les humains ?

— Mais, ma grande… J'en mange depuis des années et regarde comme je suis en forme !

Dimitri me tend ses biceps musclés à tâter. Je m'exécute passivement. Rien ne m'émeut, rien ne m'amuse, pas même sa posture comique de Rambo bio.

Je suçote la salade et la plante bombe-en-vitamines. Ce n'est pas mauvais, pas transcendant non plus. J'ingurgite consciencieusement le cake à l'ortie. Et des courgettes crues en lamelles. Dimitri me regarde avec compassion. Comme on regarde un enfant rétif, mais attachant. Je n'ai rien à dire. Le silence est scandé légèrement par le bruit de mes mâchoires. Il entame ensuite la vaisselle avec une bonne volonté et un enthousiasme confondants. Je suis comme une bûche sur ma chaise tandis qu'il chantonne une chanson de Françoise Hardy.

— Je reviendrai plus tard ! Je te laisse vaquer à tes occupations…, ajoute-t-il gracieusement.

Je m'installe devant mon ordinateur. Je reprends le fil de mon récit. Mais peu d'éléments émergent. Je suis vide. Et pourtant, dans ce brouillard grisâtre, je vois des séries de visages noirs et luisants, ceux de mes débuts en Afrique.

18 – Out of Africa

Le collège est dans la brousse. Au milieu de la savane. Il n'y a pas de goudron, seulement des pistes en latérite rouge. Les bâtiments se présentent comme un ensemble de petits pavillons proprets, disséminés dans un jardin. Une allée de flamboyants sépare la partie scolaire de la partie cuisines et dortoirs. Les cours n'ont lieu que le matin, à cause de la chaleur. Les élèves viennent de tout le pays, le président veut privilégier un brassage ethnique. Et le collège ne reçoit que des filles, une volonté de la directrice qui a créé l'établissement pour encourager la promotion des femmes en leur assurant un cadre d'étude privilégié.

J'ai une classe de 6ᵉ en français… Quarante-deux visages qui me regardent avec attention dès que je franchis la porte. Toutes en uniforme bleu marine et blanc.

Je suis intimidée – c'est mon premier poste –, je n'ai jamais enseigné encore. Le silence est complet. Elles ont les bras croisés sur les bureaux. De la petite maigroulette du premier rang à la grande fille déjà femme du dernier, je comprends qu'elles présentent un éventail d'âges très variés. Les visages offrent toutes les nuances de noir. Les coiffures sont très sophistiquées, des échafaudages impeccables de tresses, des chignons serrés, ou même des crânes presque rasés.

— Bonjour à toutes. Je m'appelle Marie-Noëlle…

— Bonjour, Madame Marie-Noëlle !

Le chœur est irréprochable. Dans un ensemble parfait, elles ont ouvert très grand leur bouche et psalmodié mon prénom qui, ainsi accolé à « Madame », lui donne l'air guilleret d'une tenancière de maison close.

J'ai l'image fugitive de petites grenouilles de métal, comme celles des anciens passe-boules.

Je raconte ce que nous allons faire cette année, en tâchant d'être claire et rassurante. Pour la plupart, elles ont quitté famille et région, sont pensionnaires et ne rentreront chez elles qu'aux vacances. Une petite créature au gabarit de mouche, devant moi, roule de grands yeux inquiets, puis lève le doigt.

— Madame Marie-Noëlle, est-ce qu'on pourra décorer la première page de notre cahier ?

— Comment t'appelles-tu ?

— Aminata.

La petite se tortille d'émoi.

— Bien sûr, Aminata !

La classe sourit d'aise.

Les cahiers sont ouverts, prêts à l'utilisation. Certains sont recouverts à l'ancienne, de protège-cahiers colorés, en plastique strié de fines nervures. Quelques filles ont récupéré proprement un cahier usagé. Nous ouvrons le livre de cours.

Je demande à l'une d'entre elles, dont la coiffure me fascine :

— Comment t'appelles-tu ?

— Solange…, murmure-t-elle.

— Bien ! Solange, ouvre le livre page 6. Vous avez un texte de Camara Laye qui s'appelle *L'enfant noir*. Est-ce que tu peux commencer à lire ?

— Oui, Madame Marie-Noëlle.

Mais Solange ne commence pas. Le silence se prolonge. Je crois à une manifestation de timidité et la relance :

— Pourquoi ne lis-tu pas ?

— Parce que vous ne me l'avez pas demandé…

Je comprends qu'il me faudra désormais éviter certains raccourcis de langage et reprends en souriant :

— Solange, puisque tu peux lire, je vais te demander de le faire.

Et Solange égrène le texte d'une jolie voix claire, sans anicroche. Ensuite ce sera le tour d'Amenan, Clémentine, Thérèse et Aya, qui ne sait absolument pas déchiffrer la moindre lettre. Grande et volumineuse, elle occupe l'un des derniers rangs. Je saurai plus tard qu'elle a déjà deux enfants et qu'elle s'est faufilée en 6ᵉ par on ne sait quel tour de passe-passe.

Bientôt, je donne le sujet de la première rédaction, qui fait suite au texte lu de Camara Laye : « Vous avez été déjà brimée par quelqu'un. Racontez ». Les petites connaissent parfaitement le sens du mot brimade. Je corrige des textes intéressants quand je tombe sur la copie de Théodora. Un seul feuillet, à peine noirci de deux phrases laconiques :

« Je faisais l'amour avec mon ami sous un manguier, ma sœur est arrivée et nous a brimés. »

Simple, clair et explicite, mais difficile à noter…

Aya n'a rien écrit, car elle ne sait pas plus écrire que lire.

Chacune d'elles parle déjà plusieurs langues en dehors

du français acquis à l'école primaire. Elles ont donc l'habitude de jongler avec des systèmes distincts et se montrent excellentes en grammaire. Curieuses de tout, elles établissent spontanément des parallèles entre les différentes langues. Nous parlons un jour de l'arc-en-ciel.

— Savez-vous, Madame Marie-Noëlle, qu'en baoulé, il n'y a que deux mots pour désigner les couleurs ?

C'est la sage Thérèse avec son crâne rasé qui m'interpelle.

— Non… Lesquelles ?

J'aime beaucoup ces discussions linguistiques.

— Le chaud et le froid, reprend Thérèse.

Amenan lève le doigt. Avec cet accent si particulier qui donne aux mots une saveur si singulière, elle ajoute :

— Même qu'avant de connaître le français, on ne voyait que deux couleurs, et maintenant on voit sept couleurs, comme vous !

— Ça veut dire que les mots font voir, dit le microbe d'Aminata, qui vient à elle seule de résumer une théorie linguistique fondamentale.

— Exactement ! C'est comme les Esquimaux qui ont une cinquantaine de mots pour désigner la neige, alors que le français n'en a qu'un. Ça veut dire que là où ils voient cinquante choses différentes, nous n'en voyons qu'une !

Les petites sont terriblement excitées par le concept. Elles me demandent de raconter le froid, l'hiver, la glace et la neige. Je dramatise, j'enjolive. Un souffle d'air glacé balaye la classe. Nous frissonnons presque.

Elles me confectionnent un dictionnaire baoulé-français illustré. Je l'ai encore dans mes archives. Il est orné de grosses fleurs rouges – contribution d'Aya –, la couverture est cousue et les feuilles sont des pages de cahier soigneusement découpées. Mawa et Thérèse ont écrit en calligraphie, elles sont capables de faire les pleins et les déliés avec des stylos-billes de base.

Je dispense également des cours de gymnastique en 4e. Ces heures-là sont attribuées aux nouveaux, dont je suis, et m'ont plongée dans des abîmes d'anxiété et de doute. J'ai toujours été mauvaise en la matière, mes compétences s'arrêtent à l'enchaînement imposé du bac obtenu il y a quelques années. J'avais transpiré pour ne pas me ridiculiser en produisant un poirier tremblant, une roue anémique et des roulades cachectiques. Je m'étais sauvagement entraînée à monter à la corde, aidée par une surveillante qui nous faisait office de professeur de sport. Elle venait en cours le mollet insolent, tendu par des talons aiguilles, avec des ongles longs et vernis qu'elle nous enfonçait dans le gras des cuisses pour nous apprendre la technique. Je ne sais donc rien ou presque. Le collège ne possède pratiquement aucun équipement : une corde effrangée pendouille à une grosse branche de flamboyant, deux piquets gradués retiennent un élastique pour faire du saut. À la première heure de cours, les demoiselles, en short d'uniforme bouffant, demandent :

— On veut des exercices pour perdre la poitrine !

La requête émane d'Aramatou, qui marche, en général, très loin derrière ses seins.

Les plates ne sont pas d'accord et manifestent bruyamment une volonté contraire. Simone, une grande asperge d'un noir profond, veut des exercices pour devenir grosse. Zulma veut perdre des joues, Affoué veut grandir. Je proclame haut et fort, avec une mauvaise foi qui ne me fait pas rougir :

— Tous les exercices que nous ferons vous aideront. Vous mettrez du muscle là où vous en avez besoin !

Et nous enchaînons des séries d'abdominaux, allongées sur les drôles de pelouses recouvertes d'une plante rampante que les élèves punies doivent entretenir aux ciseaux sous l'œil impitoyable de la directrice.

Les grosses comme les maigres ahanent :

— Pitié, Madame Marie-Noëlle ! Mon ventre, là, il fait trop mal !

Le mien aussi d'ailleurs… Nous continuons avec des pédalages. La séance se termine dans les grognements et la sueur. Les cours de gymnastique ont beau avoir lieu à 7 heures du matin, la chaleur naissante se combine avec les exercices.

Parfois, nous partons courir dans la brousse, à travers de petits sentiers qui zigzaguent dans la savane. Trente filles essoufflées et leur professeur dans le même état constituent un spectacle inédit pour les vieux assis devant les cases. Ils hochent la tête et nous interpellent. Les filles hurlent et tentent de cacher leurs cuisses, Aramatou essaie de rejoindre ses seins qui ballottent et font bande à part, Zulma ne fait plus attention à ses joues et l'asperge achève de fondre. Affoué n'a pas pris un centimètre, mais galope comme si elle avait un buffle à ses trousses. Nous rentrons dans un état indescriptible : nous ne transpirons plus, nous répandons des litres de sueur, nos vêtements sont trempés comme après un orage.

— Madame Marie-Noëlle, nous sentons vraiment trop mauvais ! Dêh… Il faut attendre ce soir pour prendre la douche. C'est pas bien, ça !

Parfois aussi, nous faisons de l'athlétisme. Simone montre des dispositions étonnantes dans le saut en ciseaux. Elle prend son élan et s'envole au-dessus de l'élastique dans lequel Aramatou s'enroule régulièrement.

Au prix de trésors d'imagination et de traîtrise, j'ai tenu l'année entière…

Un problème récurrent agite le collège. Beaucoup de filles tombent enceintes, qu'« elles aient fait l'amour sous un manguier » sans avoir été brimées, ou qu'elles soient parfois abusées par les tuteurs qui les accueillent pendant les petites vacances. La directrice et les religieuses ont un œil aiguisé pour détecter leur état. C'est ainsi que j'ai assisté la première fois à un dialogue qui m'a paru sibyllin entre Sœur Madeleine et Aramatou.

— Viens ici, toi ! commande-t-elle en faisant un signe de son index.

— Y'a quoi, ma sœur ? répond la poitrineuse tremblante.

— Ça fait combien de temps ?

— Deux mois…, dit-elle en serrant sa jupe autour de son ventre.

Aramatou sera renvoyée quelques mois chez elle, le temps d'y accoucher et de nourrir l'enfant. Elle sera réintégrée ensuite. Puis ce sera le tour de Germaine, Aya, et bien d'autres. Les religieuses ne veulent pas prendre le risque de les voir accoucher dans le dortoir en cachant leur grossesse jusqu'au bout. Parallèlement, Sœur Madeleine mène une campagne contraceptive pendant les cours de sciences naturelles fondée, plus ou moins, sur une quelconque méthode naturelle.

— Vous faites bien attention à la période de vos règles, puis vous calculez entre 10 et 15 jours plus tard. Et là, les filles, vous ne faites rien ! Vous m'entendez ? Rien ! Parce que sinon…

— Ça veut dire, ma sœur, que si on le fait à ce moment-là, on sera enceinte ?

— Exactement, bécasse !

— Alors, là, vraiment, c'est une bonne chose ! reprend la bécasse, ravie d'avoir compris la méthode qui permet de procréer à coup sûr.

Madeleine comprend alors que sa méthode risque d'être utilisée à l'envers de sa propre logique. Elle arrêtera de la divulguer, mais je crois qu'elle a été responsable de bien des naissances. En effet, ne pas avoir d'enfant est ici une malédiction.

Personne ne veut croire que les religieuses ont fait vœu d'abstinence sexuelle et donc procréative.

« Vous avez laissé vos enfants en France ? » est une question fréquente des élèves. Non moins fréquente est la réponse excédée d'une des religieuses :

— Mais, bourrique, puisque je te dis qu'aucune d'entre nous n'a d'enfants !

— Oh… je compatis ! répond généralement une des quelconques bourriques, hermétique à cet état de fait.

Un ciné-club, organisé par la directrice, régale les élèves régulièrement. Je me rappelle y avoir vu *Angèle* de Marcel Pagnol. J'en discute ensuite avec mes élèves.

— Madame Marie-Noëlle, comme elle était belle, Angèle, à la fin du film ! Qu'est-ce qu'elle fait et pourquoi elle a l'air aussi malheureuse ?

C'est Adjoua qui pose la question, avec ses grandes mains fines qui dansent devant ses yeux.

— C'est que, Adjoua, elle est devenue « boutique-mon-cul »[1]…

— Oh, la pauvre… Alors, elle a été « enceintée » par un client et pas par Louis ?

— Oui, Adjoua…

Je pars en vacances en France. À la rentrée, je retrouve en 5ᵉ la classe que j'avais l'année dernière. Je suis encore leur professeur de français. Lorsque j'entre, elles éclatent de rire. Je me regarde, craignant d'avoir mis ma robe à l'envers ; un quelconque détail me rend sûrement ridicule. Je demande alors :

— Qu'est-ce que j'ai qui ne va pas, les filles ?

— Rien, Madame Marie-Noëlle ! C'est qu'on est trop contentes de vous voir.

Je suis émue et réalise qu'il existe de francs rires qui n'ont rien de moqueur.

Solange est repartie au village, quelques-unes ne sont pas revenues. Mais je retrouve avec joie Aminata qui a gardé sa carrure de mouche, Thérèse et sa tête rasée, Mawa au sourire étincelant. Théodora est là aussi. J'espère qu'elle n'a pas vécu d'autres brimades…

Le Pape visite le pays, le collège est en émoi. Un pagne

---

[1] Nom des prostituées en Côte d'Ivoire.

est sorti dans les boutiques, avec l'effigie de Jean-Paul II. Les religieuses sont au comble du bonheur. Elles partent pour la ville proche, accompagnées d'un groupe d'élèves volontaires. Toutes affichent le pagne de circonstance. Il est sympathique de voir le portrait pontifical ballotter sur les fesses rebondies. Elles reviendront dans un état de joie indescriptible, entre l'extase mystique et l'ivresse au sortir d'une teuf déchaînée.

Un autre jour, c'est un serpent mamba qui se glisse dans la classe de 5ᵉ. Ces reptiles sont redoutables, on les appelle aussi « serpents-minute », car c'est à peu près le temps qu'ils laissent à leur victime pour qu'elle se regarde mourir. Personne ne l'a vu entrer. Tout à coup, une immense clameur enfle dans la classe et, en quelques dixièmes de seconde, je suis submergée par une vague de filles qui viennent s'entasser sur moi en hurlant. Étouffée, compressée, proche de l'asphyxie, je tente de m'extraire… En vain. Je vais mourir sur mon bureau, la tête enfoncée dans le bois, le dos broyé, sans avoir compris pourquoi. Le tas de filles se fait moins lourd, je sors un bras, pendant que le groupe me désescalade. Mawa, armée d'une machette – à l'heure où j'écris, je ne sais toujours pas d'où elle l'avait tirée –, vient de débiter le serpent en tranches. Les morceaux se tortillent sur le sol de ciment. Je suis en nage, mes joues en feu et mes habits dans un désordre indicible. On applaudit Mawa qui pousse la conscience jusqu'à aller jeter les morceaux de mamba dans le parc.

J'assure des cours d'anglais en 3ᵉ. Les filles sont excellentes. Le livre est pittoresque : les tribulations d'un grand-père vivant au fond de la brousse la plus profonde à

Lagos. Les auteurs proposent à la fin de chaque leçon un débat. J'entame celui sur le colonialisme.

— Madame Marie-Noëlle ! Les Blancs nous ont tout fait. Ils nous ont réduits en esclavage et ensuite ils nous ont colonisés. C'est une honte !

Je mets ici la traduction, car la discussion a lieu en anglais. Je ne veux éluder aucune remarque, mais la situation est pour le moins inconfortable.

— C'est exact ! J'en suis consciente et j'en ai honte. Mais ce n'est pas moi qui vous ai vendues comme esclaves ni qui vous ai colonisées. Et ce n'est pas vous qui avez été esclaves ni colonisées. Nous arrivons après, vous et moi, avec ce passé terrible. Nous devons pouvoir construire quelque chose de nouveau !

— Les Blancs sont racistes (c'est la grande Adèle qui parle), il n'y a rien à en tirer !

— Je suis raciste ? Et les autres Blancs, ici, sont racistes ?

— Non ! concède Adèle. Mais beaucoup de Blancs le sont.

Je reconnais avoir assisté à des scènes révoltantes.

Une famille blanche avait payé – sans doute trois fois rien – une fillette pour surveiller leur bébé au bord de la piscine d'un hôtel. J'y étais. La petite fille était assise au pied du siège balancelle dans lequel dormait le nourrisson, le père et la mère discutaient avec un groupe d'amis, mais avaient dû trouver plus sécurisant d'engager cette minuscule gardienne, à peine plus âgée que le nourrisson. À moins que leur standing ne le leur commandât. La fillette détourna un instant son visage de celui du bébé pour regarder un groupe d'adolescents et reçut une gifle retentissante de la mère qui hurla :

— Je t'ai payée pour que tu ne quittes pas mon bébé du regard !

Je me souviens encore de tous ceux qui avaient des « boys » et qui parlaient devant eux comme s'ils n'existaient pas :

— Je lui ai tout appris… Il ne savait même pas faire la mayonnaise !

La discussion reprend âprement avec les filles et je ne nie pas que certains Blancs sont racistes, arrogants, imbéciles. Puis je tente :

— Mais vous ? Est-ce que vous considérez tous les gens de la même manière ? Je vous entends souvent parler des Ghanéens comme des voleurs et des Ghanéennes comme des « boutiques-mon-cul »… Pourtant, ils ne le sont pas !

— Mais si, Madame Marie-Noëlle ! Ils le sont tous !

Pendant les cours d'anglais, le pavillon des 3e sera bruyant et passionné comme une réunion des États généraux. J'entends encore la grande Adèle hurler cette phrase avant qu'elle ne devienne une célèbre chanson :

— I want to be free !

Les Blancs sont une source d'indignation, mais aussi d'étonnement. Je me rappelle les cheveux d'une de mes collègues : roux et longs, ils faisaient l'objet de coupes régulières de la part des élèves qui désiraient emporter une mèche au village parce que la famille ne voulait pas croire qu'on pouvait avoir des cheveux rouges.

Je me souviens encore de Léa que ses parents m'avaient envoyée deux ans après mon départ d'Afrique et qui remporta chez elle un stock d'aliments lyophilisés en témoignage de notre dégénérescence alimentaire.

Je garde un souvenir excellent de ses deux années passées dans cette petite ville perdue, sans goudron, auprès d'élèves dont je comprendrais ensuite à quel point elles avaient été exceptionnelles. Sans doute parce qu'il y avait une grande cohérence entre leur désir d'apprendre et celui de s'émanciper de l'établissement. Sans doute aussi parce qu'elles y croyaient aussi fort que les religieuses qui avaient fondé ce collège quelques années auparavant. Le projet, la politique qui animait cette institution scolaire se retrouvaient à toutes les étapes de son fonctionnement.

On y trouvait deux principes majeurs.

Aucun clientélisme ne permettait à qui que ce soit d'obtenir une faveur. Je me souviens que le ministre de l'Éducation nationale avait mis sa fille dans l'établissement. Assétou était aussi charmante que dilettante. Il fut décidé son redoublement, faute de résultats suffisants. Le ministre lui-même se déplaça pour faire plier la directrice. Elle le renvoya sans ménagement et Assétou redoubla.

Une grande exigence permettait à toutes les filles de poursuivre ensuite et sans problème des études où qu'elles le veuillent. En même temps, les conditions de travail pour satisfaire ces exigences étaient données : études nombreuses, nourriture abondante et variée. Les élèves travaillaient souvent seules, sans surveillante, le silence qui régnait était complet. Si une seule d'entre elles menaçait cet équilibre, elle était accablée par les autres sans ménagement. Elles étaient renvoyées de l'établissement avec 10 de moyenne et n'étaient autorisées à redoubler qu'avec un minimum de 11. Et encore, pas forcément. Je me rappelle cependant qu'une élève qui boitait fortement put redoubler avec 10,5 de moyenne, parce que la directrice pressentait que l'école serait son seul moyen de se réaliser.

Je ne parle pas de cet état de fait pour déplorer un quelconque âge d'or révolu. Mais simplement pour dire qu'il exista à un moment donné, pour un pays donné, un système qui fonctionnait avec cohérence et efficacité. Un système qui permit à un grand nombre de filles de devenir des femmes dotées de métiers choisis, des filles qui ne dépendraient pas du mariage pour exister, ou de maternités nombreuses pour se réaliser. En même temps, et pour celles dont j'ai eu des nouvelles longtemps après mon départ, je sais qu'elles ont trouvé difficilement des compagnons capables de comprendre et de soutenir ce qu'elles étaient devenues.

*
* *

Je sais qu'il me faut aborder la partie la plus récente de ma carrière. Celle que j'ai vécue pendant quelques années dans un lycée où j'ai fini par débarquer après des décennies de collège.

À relire ce que je viens d'écrire, il me semble avoir traversé tout ce temps comme si je m'étais projeté un film coloré et pittoresque. J'y ai reconnu des Africaines tenaces, disciplinées et remplies de curiosité, des collégiens et des lycéens français découragés, foutraques, indisciplinés, désespérés, curieux, motivés, hétéroclites, décalés, scolaires, doués, rêveurs, détestables ou charmants. J'ai longtemps cru qu'il était possible de poursuivre son travail malgré les pesanteurs, pour ne pas dire les obstacles semés par les structures. L'impression de mener un combat incessant pour arracher des heures, du temps, des moyens, pour être juste cohérent et respectueux. J'ai dépensé de l'énergie, de l'imagination pour ne pas sombrer dans l'ennui, autant celui des élèves que le mien. Mais je ne sais plus à quoi je sers ni si ce que je fais a du sens. Je croyais naïvement que je pourrais transmettre quelque chose du formidable plaisir de lire et d'écrire qui me possède depuis longtemps. Je ne suis qu'un piteux pion en faction à un moment précis et à une heure précise devant un groupe d'individus dans un établissement donné. Je ne sais si je garde encore une certaine croyance en ce que j'accomplis quotidiennement ou si je fais semblant avec plus ou moins de bonheur.

Je regarde mon ordinateur, je relis ce que je viens d'écrire et je me trouve larmoyante et pompeuse. Néanmoins, je garde ce que j'ai écrit. Après tout, je suis peut-être une chialeuse qui s'ignore, doublée d'une emphatique enflée de vanité. Tout ce que j'aime. Mon esprit brode et se fustige, je me fouette avec des mots, je m'administre la discipline avec des phrases. Larmoyeuse et pompante, chiatique et emphateuse, pompique et…

Deniset écoute mon petit discours sans sourire. Je me trouve détestable. Comment puis-je, avec mes états d'âme à la gomme, intéresser ce pauvre homme qui entend les mêmes fadaises à longueur de journée ?

— Mais pourquoi voulez-vous m'intéresser ? Je ne vous ai pas demandé de me distraire. Et vous me payez pour aller mieux. Pas pour m'assurer les plaisirs d'une conversation réussie.

J'ai l'impression qu'on vient de me taper sur les doigts.

Le reste de la séance sera difficile.

Dimitri m'attend sur le canapé en feuilletant une revue.

19 – Des gris-gris

Il me semble que toute tentative de rendre pittoresque l'état des lieux est vaine. Je ne suis pas nostalgique, parce que je n'ai généralement aucune disposition pour la nostalgie. Je regarde toujours les élèves avec intérêt, le temps ne l'a pas érodé. Je peux imaginer que j'ai engrangé ce que l'on appelle communément l'expérience, même s'il m'arrive très souvent d'en douter, devant une situation ou des comportements nouveaux. J'ai le confort matériel qu'apportent les diplômes et la perspective de quitter la profession dans des délais assez courts. J'aimerais garder jusqu'au bout l'énergie, la fantaisie, l'imagination et la curiosité.

Mais je sais que j'exerce depuis plusieurs années un métier dévalorisé et dévalorisant, un métier où il n'est plus question de transmettre, où les élèves sont devenus des « apprenants » démotivés, fainéants et de moins en moins curieux, où les diplômes sont bradés et surtout où les enfants des classes défavorisées sont plus que jamais victimes de la fameuse panne d'ascenseur social. Lorsque la baisse générale des exigences traverse tout le système, il est évident que ce sont ceux qui ont le plus besoin de l'école pour acquérir une formation qui vont passer à la trappe.

Je ne suis pas théoricienne, n'ayant que peu de propension à abstraire, mais je suis témoin de scènes et de situations caractéristiques d'une comédie cynique qui se joue en permanence et à laquelle je participe malgré mon indignation grandissante.

J'explique cela à Deniset qui a l'air de comprendre. Et qui rajoute que nous faisons tous des compromis. Qu'il faut juste savoir ce que l'on peut accepter. Il m'invite à continuer de relater souvenirs, remarques et réflexions.

— Et ne vous censurez pas. Vous avez tendance à vous désavouer avec beaucoup de facilité.

Les étoiles de mer sont à plat sur le bureau. Son regard est bienveillant.

Je repars.

Dimitri a déposé devant ma porte un panier de légumes avec un petit mot : « Tu trouveras au fond du panier un talisman. Je suis sûr qu'il te protégera ».

Je vois, en effet, au milieu de courgettes, un petit carré de cuir noirâtre avec un lien pour l'attacher au cou. Ô siècle des Lumières ! Pourquoi ne nous as-tu pas mis définitivement à l'abri de l'obscurantisme ? Je peste, hésite à mettre le gri-gri à la poubelle et m'en veux d'avoir peut-être laissé croire à Dimitri que ses balivernes pouvaient m'intéresser. Je cherche un SMS cinglant à lui envoyer, mais les aubergines et les oignons me font douter. En fait, Dimitri m'achète en me nourrissant bio. Une forme de prostitution écolo. Je sens que j'exagère quelque peu le mercantilisme de notre relation et qu'il y trouve aussi son compte, ne serait-ce que par l'immense champ de prosélytisme qu'il y découvre. Et une place dans mon lit.

Après ces quelques considérations décousues, je prends mon ordinateur et m'installe sur mon canapé.

Petit à petit, mes doigts courent sur le clavier. Sur un carnet qui ne me quitte pas, j'avais noté un rituel important chez un enseignant.

20 – Seules les montagnes
ne se rencontrent pas

À période fixe, comme on voit revenir les oiseaux migrateurs, nous organisons les rencontres parents-professeurs. La direction, dans sa grande bienveillance, nous dispense de cours le vendredi après-midi et nous répartit de manière aléatoire dans les salles de cours. L'époque est au bricolage, nous ne sommes pas encore arrivés à l'ère des rendez-vous avec temps obligatoire imparti. Les parents arrivent au fur et à mesure de leur disponibilité et s'entreposent dans la salle d'attente, c'est-à-dire les couloirs, où des chaises ont été alignées. Nous scotchons notre nom sur la porte, ainsi que notre spécialité. Et nous attendons le chaland, jusqu'à épuisement du stock. Parfois, nous partons vers 22 heures, parce que le couloir est enfin vide, et nous apprenons le lundi par la directrice qu'un parent nous cherchait à 22 h 15. Certains préfèrent venir, en effet, après le repas et le film ou la série de la soirée. Bien sûr, les matières dites « fondamentales » sont plus sollicitées que les autres, les professeurs d'EPS – ou pire, de dessin – n'attendent guère le client ou, dans un sursaut de zèle ou de dignité, les alpaguent dans le couloir. « Ça nous occupera en attendant », disent les plus aimables des parents.

Les entretiens se succèdent à vitesse variable, cela

dépend du degré de sobriété verbale du géniteur – généralement génitrice –, de la présence de l'enfant et, surtout, de ce qu'il y a à dire. Mais je suis incapable de regarder ostensiblement ma montre pour abréger les discussions. Je crois, en plus, que j'attire confidences et remarques par une sorte de malédiction atavique, qui me fait regarder poliment l'autre comme s'il était prodigieusement intéressant. Je suis de ce fait condamnée aux heures tardives et aux confessions intimes. À ce jour, je n'ai pas trouvé la parade, mais je suis désormais protégée par la « stakanovisation » de l'exercice : prise de rendez-vous et minutage précis du temps de passage.

Nous sommes donc un vendredi… J'ai trois classes différentes et potentiellement environ quatre-vingt-dix parents à voir. Il est 14 heures, l'après-midi sera longue.

Un couple arrive. Ils se présentent comme les parents de Céline. Lui, tout petit et menu, elle, énorme, avec une bague scintillante sur un majeur boudiné. Ils ressemblent à un couple de Dubout. Elle a des cheveux blonds, teints et frisés, visiblement, elle s'est faite pimpante pour l'occasion. Il parle de l'enfant qui n'est pas présente, de son anxiété, de sa peur de mal faire. J'aimerais qu'elle travaille plus, somme toute un échange banal. Ils sortent après un temps raisonnable. Il l'appelle « Bibiche » et ils partent main dans la main. Quelques heures plus tard déboule une petite femme nerveuse qui, en guise de bonjour, m'apostrophe ainsi :

— Il est venu, l'autre, avec sa vache ?

Je ne saisis pas d'emblée et, pendant quelques secondes, j'ai une image du salon de l'agriculture. Je cherche désespérément à comprendre, quand le petit ressort énervé reprend :

— Mais oui ! Mon ex avec sa grosse ?

Je vois mieux. La vache est métaphorique, l'ordre des choses est respecté.

— Je les ai vus, oui, nous avons parlé de Céline…

— Qu'est-ce qu'elle en sait, l'autre obèse ?

Je n'ai jamais consulté de « Guide de l'entretien avec les parents », mais s'il existait, je doute qu'il comporte un chapitre sur ce genre de conversation. J'essaie de ramener le débat sur l'enfant. Ce sera difficile et j'aurai désespérément droit à ma part maudite de confidences : comment sa grosse rivale s'est insinuée dans leur couple, comment elle a flatté son mari par les testicules – le petit ressort a un autre terme – et comment ce crétin – elle a encore un mot plus expressif – l'a suivie comme un chien en chaleur. En fin de compte, nous avons très peu parlé de Céline.

Cédric est affligé d'une mère redoutable. Elle dirige son couple et ses trois fils avec fermeté, sûre de ses choix et des chemins vers lesquels elle les pousse. Ils portent tous trois un prénom commençant par C : Christian, Colin et Cédric, donc, qui est le dernier. Madame Chartroux – c'est ainsi qu'elle s'appelle et c'est aussi pourquoi elle leur a donné des prénoms en C – rentre, impériale. Une coupe au carré à la diable, un gilet fatigué et le verbe haut. Face à elle, j'éprouve une sorte de fascination proche de la terreur. Cédric est en 3ᵉ, il va lui falloir choisir une orientation ou, plutôt, vérifier si ses choix concordent avec ceux de madame Chartroux. Elle n'avance jamais masquée et commence.

— Qu'est-ce que Cédric vous a dit ?

— Qu'il aimerait devenir avocat !

— C'est pas un boulot sérieux, ça ! Non ! Non ! Je voudrais qu'il devienne ingénieur…

— Mais je vous assure qu'avocat est un métier très très sérieux et en plus…

— Foutaise ! Il fera S et sera ingénieur.

Cédric est présent. Un sourire niais flotte sur ses lèvres. Je sais que j'argumente en vain. Je ne sais aujourd'hui s'il est ingénieur ou avocat, ou rien de tout cela. Mais je suis presque sûre qu'il a suivi les choix implacables. À deux reprises, elle manifestera son féroce amour maternel.

Il pleut à verse. Nous sommes en milieu de matinée, en cours de français. Cédric est au fond de la classe, discret, travailleur. Elle rentre – sans frapper – en brandissant un objet sombre.

— Cédric, je t'apporte un parapluie ! Il ne manquerait plus que tu te mouilles !

Si jamais j'ai vu le malheureux se dissoudre, c'est ce jour-là. Encore qu'elle n'avait pas dit son dernier mot.

Nous sommes en fin d'année. Les 3ᵉ ont obtenu de la direction la permission d'organiser une petite fête avec chips, sodas, cacahuètes et un peu de musique pour danser. Quelques professeurs font partie des réjouissances. Cédric est assis et fait ce que l'on appelle « tapisserie ». Madame Chartroux rentre. Elle cherche Cédric du regard et lui lance :

— Mais viens danser, bécasseau !

Puis elle se met à se tortiller en cadence en continuant à l'appeler. Je ne sais ce qui se passe alors dans la tête du bécasseau, mais il n'est pas allé la rejoindre sur la piste de danse.

Les mères abusives sont malheureusement légion. Nous avons décidé d'une semaine verte au Cap d'Agde. Nous décrivons le camping, parlons de relief volcanique quand une voix inquiète s'élève.

— Ce ne sont pas des volcans en activité au moins ? Parce que sinon, Jean-Pierre ne viendra pas…

Nous rassurons la mère proche des larmes. Elle veut nous faire promettre d'aller border tous les soirs l'immense dadais dans son lit. Nous refuserons.

Nous avons organisé quelques jours sous la tente dans un petit village provençal. Il est question de s'aérer, mais aussi de tenir les parents à distance. Il leur est donc interdit de venir voir leur rejeton. Nous les informons tous les jours par un communiqué téléphoné au collège. Le deuxième soir, nous préparons le repas. Il fait doux, nous sommes en juin. Le petit camp est implanté dans un charmant enclos, entouré d'arbres et de murs de pierres sèches. Le soir décline lentement. Quelques-uns des enfants aident à la cuisine, d'autres bavardent devant leur tente. Un brouhaha. Une jambe apparaît en haut d'un mur, puis un corps coiffé d'un bob rouge. Trois autres silhouettes franchissent l'enclos : trois mères et un père n'ont pas pu rester sans voir leur mignon et s'invitent au repas du soir. Ils s'exclament, visitent les tentes, commentent la sobriété de l'installation.

— Ils sont à la dure, ici, fait Bob-Rouge en reniflant le repas qui mijote.

Une grande cavale qui doit être sa femme couvre de

baisers son petit chéri qui tente de fuir. Les autres mères ont elles aussi récupéré leur progéniture et leur manifestent bruyamment leur amour.

Ils participeront au repas, pendant lequel la cavale racontera tout ce que Bruno lui a coûté à élever :

— Et en plus, il a gardé longtemps les fesses rouges, il me fallait les lui talquer tout le temps. Hein, Bruno, que tu en as fait voir à ta maman ?

Bruno n'a plus les fesses rouges, mais ses joues sont cramoisies de honte. La cavale cruelle insiste :

— Et maintenant, il me fait de l'eczéma dans les oreilles. Et d'ailleurs, dit-elle en s'adressant au CPE atterré, j'espère que vous lui mettez bien ses gouttes tous les soirs ?

Elle vérifiera d'ailleurs l'orthodoxie de l'opération en demandant qu'elle soit faite devant elle. Puis, Bob-Rouge, la cavale et les deux autres repartiront en riant comme des fous de leur petite escapade.

Dans un autre registre, moins cruel, mais tout aussi étrange, je me souviens de madame Crouzet, qui ne pouvait parler de son fils sans pleurer d'une insolite émotion dans laquelle se mélangeaient amour, admiration et compassion pour le petit être faible et sans ressource qu'elle avait eu le bonheur de pondre. Nos dialogues sont toujours humides.

— Et Jérémy ? Êtes-vous satisfaite de son travail ?

La voix est étranglée, ses yeux larmoient.

— Oui… Il fait tout ce qu'il peut.

— Il veut tellement me satisfaire, dit-elle en fondant en larmes de bonheur.

Le clan des Anciennes l'a intronisée dans le club de Celles-qui-Aiment-Leurs-Enfants. Madame Buisson est experte en amour maternel et comprend parfaitement ce genre d'attitude.

— On est mère avant tout, on n'y peut rien, c'est dans nos tripes. Mais certaines sont plus épouses que mères, ajoute-t-elle avec une moue de dédain pour ces dégénérées.

Tania est une petite gitane de 15 ans. Dodue, elle est habillée avec des tenues étroites et moulantes. Généralement en blanc. Elle porte des strings noirs et, lorsqu'elle passe au tableau, le triangle sombre visible sous l'étoffe claire danse avec son popotin. Les garçons déglutissent et perdent leur potentiel de concentration disponible. Ses soutiens-gorge affichent sûrement deux tailles inférieures à celle qui serait nécessaire ; elle n'est que débordements, replis et bourrelets. Madame Buisson décide de convoquer sa mère pour lui demander d'habiller sa fille avec plus de décence.

La dame arrive. Elle porte une veste de dentelle noire sur une guêpière de la même couleur, une jupe serrée sur des fesses rebondies et des talons vertigineux. Tout ce que le collège compte de mâles s'est mis en arrêt devant la fière créature qui traverse nonchalamment la cour. Cela n'arrête pas madame Buisson qui ne comprend pas que la partie est perdue.

— Il s'agirait d'habiller votre fille plus sobrement, voyez-vous, car cela nuit à son travail et à celui des autres.

— Je vois, dit la mère de Tania, que vous n'êtes pas au courant de la mode ! Y'a qu'à voir comme vous êtes habillée ! Vous voulez que ma fille s'habille comme un moine ? Avec une robe noire ?

— Mais...

Pour une fois, madame Buisson bafouille.

— Moi, je crois que vous êtes jalouse ! En tout cas, ma fille s'habillera comme il lui plaît et ce n'est pas vous qui l'en empêcherez.

Crucifiée par cette estocade, madame Buisson regarde partir la dame, dentelles au vent. Sans doute la classera-t-elle plus tard dans le club de Celles-qui-sont-plus-Épouses-que-Mères…

Madame Gardier discute de son fils Julien. Il ne travaille pas et cultive l'ennui et l'insolence près de la fenêtre. Elle est consciente qu'il n'aime pas l'école, je cherche avec elle des solutions d'orientation convenables. Elle me regarde puis se lance.

— Entre lui et son père, je suis mal entourée.

Je ne réponds rien, mais je sais que l'heure des confidences a sonné.

— Je n'en peux plus… Le fils ne fout rien et le père passe son temps à me coincer entre deux portes. Putain, vous en connaissez, vous, un moyen pour empêcher un homme de vous sauter à tout bout de champ ?

Et que répondre ? Je bafouille quelques mots dont je sais par avance qu'ils sont inadéquats ou absurdes. Que dirait madame Buisson d'une qui se sent trop mère et trop épouse ?

Jonathan vient avec sa mère. Il a un projet bien défini – tenir un bar – et je crois qu'il y excellerait. Il est agréable, souriant et semble déjà avoir une connaissance approfondie des différentes sortes d'apéritifs anisés et des mélanges alcoolisés. Plutôt joli garçon, il porte une boucle d'oreille – je crois que c'est une feuille de marijuana argentée – et une grande mèche brune. Il se range habituellement dans la catégorie des aimables dilettantes, c'est-à-dire qu'il participe activement, sort des énormités avec gentillesse et a mis au point de nombreuses stratégies pour ne rien faire. À son niveau, cela frise l'art. Il possède un énorme potentiel en énergie passive. En cours, il crayonne parfois des bouteilles alignées, on sent chez lui une vraie vocation de bistrotier. Sa mère est très maigre, fiévreuse. De longs cheveux bruns entortillés autour d'une baguette avec des strass, une beauté fatiguée. Elle porte un blouson de cuir noir. Elle soupire.

— Je suis déprimée, dit-elle tout à trac, je n'en peux plus…

— Parlons un peu de Jonathan. Il a envie d'arrêter après la 3ᵉ, de ne pas faire d'études longues, et je trouve qu'il est plutôt lucide sur ses capacités et sur ce qu'il a envie de faire.

Elle explose.

— Tu me décevras donc tout le temps… Je n'ai pas pu faire d'études. Regarde où j'en suis maintenant, avec un boulot de merde. Et, toi, tu fais ton malin…

— Mais, Maman…

— Tais-toi ! Tu es la cause de ma dépression.

— Maman, je t'en supplie, tais-toi…

— Non ! Il faut bien que Madame entende ce que personne ne veut entendre. Je suis malheureuse, et toi… toi, tu fais rien pour moi…

Elle pleure. Jonathan est blême, j'en suis malade pour lui. Plus tard, il la prendra par le bras avec des gestes doux et ils repartiront. Il tient aujourd'hui un bar très fréquenté. J'espère qu'il est heureux.

Monsieur et madame Déjean viennent toujours aux

réunions parents-professeurs. Ils ont quatre filles et un garçon. Il est volubile, elle ressemble à une petite souris grise dans l'ombre de son mari. Elle approuve silencieusement ses tirades et tripote machinalement l'anse de son sac. L'une des filles est brillante. Opiniâtre, elle prend des notes, absorbe tout ce dont elle peut avoir besoin. Avec elle, nul besoin de répéter, elle assimile immédiatement. J'en fais part aux parents. Monsieur Déjean me coupe :

— Chez nous, ce sont les femmes qui sont intelligentes, du moins, celles de ma famille. Parce que Solange (il montre sa femme), elle y peut rien, elle est bête.

Solange approuve en hochant la tête comme les chiens de plastique à l'arrière des voitures. Il n'y a aucune cruauté dans son propos, juste un constat qui semble n'avoir rien de douloureux. Il reprend :

— Ma grand-mère savait lire et écrire, elle avait une petite bibliothèque et, si on n'avait pas été si pauvres, elle aurait fait des études, j'en suis sûr ! Mais les garçons, on est des ânes. Vous le voyez avec Florian !

Florian, en effet, est en 6ᵉ, ne sait pas déchiffrer et écrit avec peine d'une écriture tremblée. Il a deux ans de retard et ne sait pas répondre aux questions les plus évidentes.

— Pourquoi tu n'as pas indiqué ton adresse sur ta fiche, Florian ?

— Parce que je sais pas où j'habite.

— Pour aller chez toi, tu restes dans cette ville ou tu traverses de la campagne ?

— Je sais pas…

Florian est une énigme silencieuse qui essaie de se faire

oublier. On dirait d'ailleurs qu'il y a réussi puisqu'il a traversé le primaire sans acquis, ou presque. Plus tard, il veut être magasinier dans un supermarché. Je ne sais s'il l'est devenu, mais je sais que sa sœur est devenue médecin. Quant à ses parents, j'ai compris un jour à une caisse de grande surface qu'ils étaient illettrés, parce qu'ils confiaient le chéquier à remplir à la caissière.

Les voies du seigneur sont impénétrables, mais les destins des élèves sont imprévisibles, parfois. Madame Buisson arrive un jour, fort ébranlée, dans la salle des professeurs.

— J'ai rencontré Xavier Planton. Vous savez ce qu'il est devenu ?

— J'ai peur, fait un collègue ricanant.

— Eh bien, quand je lui ai demandé ce qu'il faisait, il m'a répondu qu'il sortait de prison. Et quand je lui ai demandé pourquoi, vous savez ce qu'il m'a répondu ? Pour proxénétisme !

— Bon, répond le ricanant. Si je me souviens bien, il portait déjà des pompes bicolores.

Madame Buisson foudroie l'insolent et reprend :

— Je lui ai dit que ce n'était pas bien et qu'il fallait qu'il se trouve un métier honnête.

— Et il t'a écoutée ? persifle encore le ricanant.

— Non ! Il m'a répondu qu'en un jour, il gagnait plus que moi en un mois !

Pour autant que je sache, le collège a formé un autre proxénète, un moine, un trafiquant en tout genre, des professeurs, des maçons, des gendarmes, deux facteurs, des ingénieurs, des chômeurs, des éducateurs… plus ceux pour lesquels je ne sais pas. Il est parfois intéressant de les retrouver dans l'exercice de leurs fonctions – je ne parle pas des proxénètes – et de voir qu'ils sont quelquefois allés au bout de leur rêve ou du moins de leurs désirs.

lesquels je ne sais pas. Il est parfois intéressant de les retrouver dans l'exercice de leurs fonctions – je ne parle pas des proxénètes – et de voir qu'ils sont quelquefois allés au bout de leur rêve ou du moins de leurs désirs.

21 – Le thé n'adoucit pas les mœurs

Dimitri arrive pour prendre le thé. Il est frais et souriant, avec dans le regard l'extase que provoque le contentement de soi. Du moins, est-ce ainsi que je le vois, énervée par le gri-gri, parce qu'il m'a interrompue et parce que je me sens toujours culpabilisée quand je le vois.

— J'ai apporté un thé vert dont tu vas me donner des nouvelles.

Je ne réponds pas.

Dimitri fait frémir l'eau – « parce que tu le sais, le thé ne se prépare pas avec de l'eau bouillante ! » – et sert très efficacement un breuvage clair avec un goût prononcé de biscotte grillée. Je bois en silence.

— Tu n'es pas bavarde, ma grande !

— Non ! Je n'ai rien à dire.

Je siffle plus que je ne parle. Et j'ajoute :

— Et surtout à toi ! Je crois que nous sommes trop différents. C'est comme la mayonnaise, ça ne prend pas. Je ne supporte plus les talismans, l'écologie intégriste et ton contentement de toi. Ton thé est dégueulasse (je me sens atroce, mais comme une locomotive lancée à fond, je suis incapable de m'arrêter), tes légumes m'accablent. Tes conseils aussi. Je veux aller mal, manger chimique et dormir seule dans mon lit.

— Mais, ma grande… Tu sais qu'on a plus de points comm…

— Tais-toi ! On n'a pas plus de points communs qu'un Lapon avec un Bantou. Tu me fatigues.

— J'essaie juste de te comprendre et de t'aider…, reprend l'endive avec désolation, les yeux humides.

— C'est justement ça que je ne supporte pas. Je ne veux pas être comprise, je ne veux pas être aidée.

Je hurle avec des trémolos de colère dans la voix.

— Tu sais que tu traverses une passe difficile et que tu ne vois pas la vie avec les bonnes lunettes !

— Je veux être aveugle si c'est pour la voir comme toi.

Dimitri enfin suffoque. Il passe une main dans ses cheveux filasse et me regarde sans aménité.

— Avec tout ce que j'ai tenté pour toi…

— Eh bien, justement ! Ne tente plus rien, je suis irrécupérable.

Dimitri s'en va, tunique et cheveux au vent. La porte claque. Je suis seule. Je tremble de colère. Je balance le thé et le talisman à la poubelle, j'ajoute le livre de développement personnel pour faire bon poids. Je me sens ridicule et soulagée. Je ris nerveusement et m'affale sur le canapé. Je m'y vautre. Ce soir, en pleine régression, je regarde une daube à la télé en buvant une bière. Je rote bruyamment. Je suis bien.

Deniset écoute le récit de la dispute. La mèche qui cache sa calvitie tente une percée rebelle. Nous parlons de cohérence, d'illusions et de désirs.

Au retour, je reprendrai le chemin de la narration, interrompu depuis le départ de Dimitri.

22 – Rituels et cérémonials

Le conseil de classe est une scène cyclique, survenant à intervalles réguliers, qui obéit à un rituel rodé, quels que soient les lieux, le niveau, les élèves ou les professeurs concernés.

Le directeur, le CPE – parfois –, les délégués, les parents et les professeurs d'une même classe sont réunis en fin de trimestre pour faire un bilan provisoire ou définitif – en fin d'année – du travail produit. Le professeur principal mène le jeu. Il a normalement préparé l'intervention avec ses élèves et les parents délégués ont également contacté les autres parents afin de recueillir leurs opinions.

Le rite s'accomplit, suivant les établissements, en fin de journée ou le mercredi après-midi, mais toujours en dehors des cours. Tous les participants siègent autour d'une table.

À partir de là, une multiplicité de scénarios est possible.

Le professeur principal demande aux parents s'ils ont quelque chose à signaler. Ces derniers ont généralement peu d'informations à faire remonter, faute de participation. Sinon, quelques remarques fusent parfois.

— Madame X ou monsieur Y vont trop vite et les élèves ne peuvent pas suivre.

Madame X ou monsieur Y affirment qu'ils vont à la vitesse adéquate et que ce sont les élèves qui doivent se mettre au diapason.

— Les w.-c. sont souvent bouchés et il n'y a pas de papier.

Le directeur intervient alors, disant que ce n'est pas l'endroit pour évoquer ce problème, ce en quoi il a sans doute raison, mais où se trouve l'endroit pour évoquer ce genre de problème, ô combien important ? Le problème du papier se posera dans tous les établissements que j'ai fréquentés et obtient généralement la même réponse :

— Certains élèves – mal intentionnés – jettent des rouleaux entiers et bouchent lesdits w.-c.

Il a donc existé un âge d'or où il y avait du papier et où les élèves en avaient une utilisation appropriée. Miraculeusement, le papier sera réintroduit dans mon dernier établissement fréquenté, sans problème majeur, preuve qu'un âge d'or peut revenir sans faire grand bruit.

— La cantine ne présente pas de repas équilibrés. Hier, mon fils m'a rapporté qu'il y avait en entrée un feuilleté aux anchois et en plat, une part de quiche…

Le directeur répond que ledit fils n'avait qu'à choisir un repas plus équilibré, qu'il y avait des crudités en entrée et du poisson au choix avec la quiche. À partir de là, le débat peut s'amorcer sur la pertinence des choix laissés aux enfants, la liberté de chacun, l'impossibilité de mettre un conseiller en diététique derrière chaque enfant. C'est généralement le professeur principal, exaspéré, qui ramène le débat sur la pédagogie ou du moins sur les résultats scolaires de chacun. Commence alors le défilé des élèves de la classe. Avec des dialogues plus ou moins attendus :

— Que dire de Quentin Trucmuche ? commence le professeur principal.

S'il a préparé le conseil, il donne un aperçu des notes dudit Quentin, de ses forces, de ses faiblesses.

— Turbulent, répond un collègue.

Traduire : Quentin grimpe aux rideaux, ne tient pas deux secondes assis, pose la question pendant qu'on donne la réponse et ricane bêtement le reste du temps.

— Sa mère est venue me voir, énonce le Directeur, il est suivi par un psy. Il n'a pas supporté l'arrivée de son petit frère.

— C'est une boule de douleur, renchérit la prof de SVT qui détecte en général la souffrance comme un chien policier renifle la drogue.

Je revois le boutonneux au cours précédent, frétillant sur sa chaise : je l'ai arrêté au moment où il allait creuser son bureau avec la pointe de son compas. Je n'ai pas vu sa souffrance et, d'ailleurs, quand bien même je la verrais, que puis-je honnêtement faire ?

— Ses résultats sont médiocres, continue le prof principal.

Traduire : il n'a la moyenne nulle part, il frise l'indignité en physique et les commentaires le concernant sont un vrai festival de langue de bois.

« Insuffisant. Quentin doit s'investir »

« Peu motivé par la matière »

« Peu intéressé par les sciences »

« Résultats faibles »

— Il ne faut pas le décourager, reprend la prof de SVT, il faut lui apprendre à ne pas baisser les bras.

— Parce qu'il les a levés un jour ? ricane la prof de physique.

— Qu'est-ce que je mets comme appréciation globale ? reprend le prof principal, exaspéré.

— Peut progresser avec plus de confiance dans ses capacités, reprend l'experte ès souffrance.

Personne ne dit mot. Je suis partagée entre l'envie de me lever et un certain fatalisme qui doit être une forme de lâcheté.

— Nous passons à Bérangère !

— Y'a pas grand-chose à dire, annonce la prof de maths. Je n'arrive juste pas à savoir si elle ne comprend rien ou si elle ne fait rien.

— Sans doute les deux, renchérit la prof de SVT.

Bérangère ne souffrant pas d'une quelconque tare familiale, elle n'a droit qu'à peu d'indulgence de la part du saint-bernard dont le tonnelet est momentanément vide.

— J'ai bien connu sa mère, rajoute la prof d'histoire. Elle était déjà bête.

Un brouhaha s'ensuit, quelques commentaires aigres tentent de ramener la discussion sur le plan pédagogique. Le climat verse dangereusement dans l'insanité quand le prof principal reprend :

— Et qu'est-ce que je mets, alors, comme appréciation ? Peut mieux faire ?

— Si tu veux…, répond une voix lasse.

Tous les conseils de classe ne se déroulent pas aussi piteusement. Il en est de plus mornes, de plus efficaces, de plus sérieux, mais beaucoup laissent un sentiment d'impuissance, surtout en collège devant un afflux massif d'élèves démotivés ou peu conformes au formatage demandé. On peut même faire passer un élève sur des considérations qui n'ont rien à voir avec ses aptitudes à suivre dans une classe supérieure. Certains critères sont pour le moins déroutants :

— Qu'elle passe ! Parce que si elle reste un an de plus dans ma classe, je craque !

— Mais vous ne pouvez pas lui faire redoubler sa 5e, elle a déjà beaucoup de poitrine...

Il existe une variante plus virile à cet état de fait, qui consiste à évaluer la longueur des poils aux jambes.

Malheur à la fille plate, au garçon imberbe, à celui ou celle qui ne fait pas de bruit, dont les parents sont ensemble, ou dont le visage n'exprime pas ce que certains aiment y lire : soumission, manque de confiance, ingénuité, anxiété. Ils ne bénéficient que de peu d'indulgence, même si la timidité les rend désinvoltes, agressifs ou renfermés, ou si un vrai mal de vivre les réduit à ne pouvoir singer ce que l'on attend d'eux. Les délits au faciès sont nombreux, faute de vrais moyens et à cause de dérives nombreuses. On doit prendre en compte la situation des élèves, leur milieu familial, leur psychologie, leur attitude, mais sans avoir les compétences pour les décrypter et surtout les intégrer dans le seul domaine qui nous est attribué : la pédagogie. On navigue entre les interprétations de supermarché, le jargon ministériel, les affects des uns et des autres, on bricole souvent des solutions qui ne sont que des pis-aller.

Je suis galvanisée. Est-ce la rupture avec Dimitri ? Terrée au fond de ma maison, j'écris, je vais voir Deniset, j'accomplis quelques actions incontournables et je regarde n'importe quoi à la télé. Comme une sorte d'adolescence imaginée. Je connais en effet des adolescents sociables, ouverts et positifs, qui ne se vautrent pas nécessairement devant un écran. Je prépare mes cours, je corrige et, le reste du temps, je suis devant mon ordinateur comme une furie. En ce moment, me reviennent les conseils de discipline qui ont jalonné ma carrière.

*
* *

Contrairement au conseil de classe, le déroulement d'un conseil de discipline n'est heureusement ni cyclique ni régulier. Il faut qu'un élève se rende coupable d'agissements graves envers les autres ou un professeur. Mais il n'est pas systématique, cela dépend de la réactivité de la direction et du corps éducatif. Il existe des renvois discrets, des solutions aussi alternatives qu'improvisées qui évitent parfois que l'infamie d'une sanction lourde n'apparaisse dans le carnet scolaire. J'ai assisté à quelques-uns, tous génèrent une grande tension.

Je me rappelle celui de François. Dans une crise de violence incontrôlée, il avait jeté son bureau à la tête d'un autre. Comme cet acte n'était pas le premier de la sorte, il avait été décidé d'un conseil de discipline.

Les participants sont définis juridiquement : représentants des parents d'élèves, du personnel éducatif, des enseignants, de la direction, délégués des élèves, parents de l'élève et l'élève lui-même. François est donc là, entouré de son père et de sa mère. La direction rappelle les faits, puis lui demande de s'expliquer.

— Je ne sais pas ce qui me prend, mais il y a des fois où je suis tellement énervé que je n'arrive pas à me contrôler.

— Pourtant, François, note la mère au visage fermé, tu

sais que tu as un traitement en cas de crise… Pourquoi ne l'as-tu pas pris ?

François ne répond pas. Il baisse la tête. La mère, furibonde, reprend :

— Tu crois que ça nous amuse d'être ici à cause de tes bêtises ? Avec ton père, on avait programmé de partir aux Baléares et tu nous retardes d'un jour !

— Je suis désolé, murmure François.

— Si ça continue, ajoute-t-elle, nous te placerons dans une institution spécialisée. Et là, tu ne nous embêteras plus, on te vissera !

L'atmosphère est électrique. Nous regardons tous François, navrés de la tournure que prennent les événements. Il nous semble sentir l'acuité de sa souffrance. La mère saura-t-elle un jour qu'elle a fait finalement beaucoup pour défendre a contrario la cause de son fils ?

François sera réintégré avec un suivi particulier. Nous n'aurons plus jamais à nous plaindre de lui.

Une autre fois, ce sera un conseil tout à fait particulier, à la suite d'une cabale menée contre une enseignante, sur un réseau social bien connu. Quelques élèves veulent la faire craquer, la « pousser au suicide ». Les insultes la concernant s'étalent sur les « murs » de dizaines d'élèves. C'est une variante du chahut organisé, avec des moyens modernes. Les dialogues à chaud sont imprimables et prennent, ainsi affichés, une autre dimension, parce qu'ils ont été publiés, vus et lus non seulement par les « amis » des comploteurs, mais aussi par l'ensemble des professeurs. L'enseignante visée remplace une collègue en congé maladie. Chacun prend la mesure de ce qui s'est passé en fonction de son taux de compassion, de sa définition de la solidarité et de sa position vis-à-vis des élèves.

— Elle a peut-être un problème personnel avec eux ? murmure une voix.

— C'est comme si on le faisait à nous tous, reprend un autre.

— Il faut réagir, disent certains avec conviction.

Pendant un moment, j'ai l'impression que le pacte de confiance qui nous lie malgré tout aux élèves est brisé. Que nous sommes plus démunis que jamais. Pourtant, nous savons que nous sommes souvent seuls devant le groupe, qu'il nous faut parfois affronter une masse plus ou moins silencieuse, qu'il existe un rapport de force entre une classe et nous, que nous le voulions ou non.

Cette fois-là, le conseil se soldera par deux exclusions définitives. Les parents d'un des renvoyés se disputeront devant nous ; le père, humilié, et la mère, protectrice.

Pour les mêmes raisons – complot sur un réseau social –, un autre conseil de discipline n'en arrivera pas aux mêmes conclusions : exclusion temporaire du réprouvé dont la responsabilité n'a pas été clairement établie. Cela tient à tant d'éléments, une sanction… De ceux qui la prononcent : chacun n'a pas le même seuil de tolérance. De l'émotion du moment : plus on s'éloigne des faits, plus elle s'émousse. Parfois aussi d'un mot, d'un geste qui peut faire basculer le conseil. Ils laissent toujours l'impression d'avoir agi dans l'urgence – mais c'est le propre de leur nature – et sur le fil d'un rasoir invisible, entre recul et émotion, arbitraire et justice, entre fin et renouveau, entre échec et réactivité.

23 – Voyages, voyages…

J'explique à Deniset ma rupture avec Dimitri. Je me sens exaltée, ma voix stridule par moments comme une cigale émotive.

— Nous étions trop différents. J'avais l'impression de lui mentir et de me raconter des films.

— Comment vous sentez-vous après cette rupture ?

— Mieux.

Encore que le souvenir de mes soirées régressives devant la télé me fasse douter.

— J'ai l'impression d'avoir fait le ménage. D'être plus cohérente. Mais…

— Mais ?

— Je ne comprends pas pourquoi je me fourre tout le temps dans ce type de situation.

— C'est-à-dire ?

Deniset a les cheveux en bataille au sommet du crâne.

— Embarquée comme malgré moi dans une relation déséquilibrée et peu satisfaisante. Pourquoi je me mets avec des hommes qui ne me correspondent pas ?…

— Et quel type d'homme vous correspond ?

Les étoiles de mer sont posées sur l'accoudoir de son fauteuil.

Je n'ai rien à répondre à cette question épineuse. Quelques balbutiements plus tard, je reprends le chemin de ma maison et celui de mon ordinateur. Je martèle sur le clavier pour éviter de ne pas penser à la question de Deniset. Parce qu'en fait, il n'y a pas d'homme qui me corresponde. Ou plutôt, je ne corresponds à aucun... Épuisée par mes états d'âme, je plonge dans les souvenirs et je choisis ceux qui parlent de voyages, pour me rafraîchir...

La sortie scolaire apparaît comme un rituel aimable et elle l'est bien souvent.

Soit le voyage est doublement rituel – on va toujours avec les 5e aux châteaux de la Loire –, soit il est improvisé parce qu'une séquence le demandait : par exemple, on peut aller à Paris parce qu'on a étudié une œuvre qui s'y déroulait et qu'on veut aller voir « en vrai » les lieux. Souvent encore, les voyages sont linguistiques.

Quelques mois auparavant – moins, si l'enseignant est rodé ou insouciant –, le projet est monté, le devis fait et présenté aux parents. Une réunion en soirée devant une petite foule joyeuse donne le programme et des conseils pour bien remplir sa valise.

Les remarques parentales sont souvent bienveillantes : « C'est bien, ce que vous faites ». Quelquefois existentielles : « Mais pourquoi Paris ? Il y a de si jolis coins par ici... » Parfois aigres : « Ça pour 430 € ? C'est pas donné ! » Et, de temps à autre, franchement angoissées : « Vous avez dit que les enfants sont hébergés près d'un volcan ? Ce n'est pas dangereux ? » Pour bien replacer cette dernière remarque dans son contexte, je précise que ledit volcan est en sommeil depuis une quelconque et très vieille ère préhistorique et qu'il n'a pas connu d'éruption même au temps des brontosaures.

Malheureux professeur de géologie intéressé par les pierres volcaniques !

Parfois, d'anodins conseils prennent une tournure apocalyptique et sont suivis de discussions que même les sophistes à la Sorbonne n'avaient pas envisagées :

— Pourquoi préférez-vous que Yohan ait des chaussures usagées ?

— Parce qu'on se méfie toujours de chaussures trop neuves ! Elles peuvent faire mal aux pieds.

— Oui, mais les siennes sont trouées et je comptais lui en acheter…

— Faites-les-lui assouplir avant.

— Combien de temps ? Un jour ? Deux ?

À dire vrai, je n'en sais rien, puisque tout dépend des chaussures, des pieds de Yohan et du modèle choisi.

— Pour le pique-nique du premier jour, il faut prévoir la boisson ?

— Vous dites qu'il faut un chapeau… Mais un chapeau-chapeau, ou je peux lui mettre un bob ?

Parfois, les demandes sont plus personnelles : un régime particulier, une maladie à prendre en charge. Ou bien :

— Est-ce que vous pourrez border Jérémy le soir dans son lit ? Sinon, il ne peut pas dormir…

Ledit Jérémy, monté en graine, ressemble à un aimable salsifis et je bredouille une réponse inaudible qui inquiète la génitrice angoissée. Jérémy dormira très bien sans son viatique, nous le surprendrons même avec une revue porno en guise de somnifère.

Souvent, les voyages se passent bien. Nous passons des heures à compter les élèves, il m'est même arrivé dans un excès de zèle nerveux d'enrôler des autochtones aux alentours parce qu'ils étaient de dos ou que leur allure ressemblait à celle de milliers d'adolescents. Nous recomptons dans le bus. Il arrive qu'il en manque un ou deux, mais chaque fois, les retardataires apparaissent au bout d'un temps qui paraît toujours trop long, avec des excuses plus ou moins intéressantes. Les incidents empêchent toujours d'imaginer qu'une sortie est simple et facile, surtout à l'étranger.

Une élève sous la douche casse le pommeau, inonde la salle de bains d'une logeuse espagnole et tombe dans une inexplicable crise de nerfs parce qu'elle n'a pas pu se rincer. J'accours, appelée par la brave dame, et trouve la grassouillette créature, décomposée, entortillée dans une serviette trop petite, le cheveu plein de shampoing, mouillée de larmes et d'eau. Je lui montre comment se rincer au robinet du lavabo et surtout comment éponger les dégâts commis.

Deux autres s'imaginent que leur logeuse est une sorcière qui ricane affreusement et leur joue des tours étranges : je découvre une charmante femme expansive qui a juste le défaut d'avoir un rire hennissant. Tels autres de mes collègues découvriront que parfois, les élèves peuvent faire leurs besoins dans le bidet et laisser à la logeuse le soin de faire disparaître l'étron, d'autres testeront sur des hooligans leur catalogue d'insultes et battront des records de vitesse à la course, d'autres encore canarderont des cygnes dans un parc municipal et se feront embarquer par la Guardia Civil.

Les téléphones portables mettent les élèves en lien direct

avec leur famille. Cela vaut des échanges toniques entre les géniteurs et le corps enseignant.

— Cela fait deux fois de suite que Kevin mange des frites… On ne mange pas des légumes dans ce pays ?

— Hier, la famille d'accueil est allée au pub avec Priscilla. Je ne suis pas du tout d'accord. On ne paye pas un voyage à notre fille pour qu'elle aille au bar.

— Pierre ne dort pas avec la famille, il est logé dans une habitation particulière !

Pierre ne sait pas au moment du coup de fil angoissé à ses parents que le mot « habitación » en espagnol est un faux-ami et désigne une chambre.

Parfois, les coups de fil exaspérés transitent entre l'élève, ses parents et la direction qui nous bombarde alors de messages hystériques quant au confort des « chères têtes blondes ». Je ne porte en aucun cas la responsabilité de ce cliché réactualisé sans vergogne par ladite direction. Je ne saurai jamais à quel degré cette expression ridicule est utilisée, je crains que ce ne soit au premier.

Néanmoins, et malgré l'entrée dans le règne du téléphone portable, les voyages sont souvent de bons moments qui permettent de découvrir les élèves sous un autre jour, et réciproquement. Par contre, je ne pose plus la question :

— Qu'as-tu préféré dans ce voyage ?

… de peur d'entendre comme si souvent :

— Le trajet en car ! On s'est bien marré…

24 – Des grands-messes

Samedi, j'ai croisé Dimitri à la boulangerie. Il me regarde avec un air de chien battu. Je sens la culpabilité me mordre les quelques grammes d'assurance que je cultive. Je lui fais un signe de la tête. Il s'approche et me demande si je veux prendre un pot au troquet du coin. J'ai envie de fuir, mais je le suis. Nous nous asseyons devant un café.

— Comment vas-tu ? demande-t-il avec commisération.

— Le mieux possible, étant donné le contexte.

Je rougis devant ma réponse aussi idiote que vaine.

— Je comprends, fait-il.

— Qu'est-ce que tu comprends ?

— Que tu avais besoin de faire le vide autour de toi pour aller mieux.

Il me prend la main. Je hurle intérieurement, mais aucun son ne sort de ma bouche qui sourit bêtement. Je laisse ma main dans la sienne.

Il reprend :

— Tu vois, et quoi que tu aies pu dire sous le coup de la colère ou de la fatigue, je sais ce que tu éprouves. Je te dirai même mieux... Je le ressens. Il y a en moi une grande empathie et surtout vis-à-vis de toi.

Je transpire nerveusement. Le « je sais ce que tu éprouves » me plonge à nouveau dans une colère noire. Il continue, il brode, il pérore, si fier de sa psychologie de supérette.

— Tu es à un tournant de ta vie et tu as une chance énorme d'être déprimée. Une femme nouvelle va sortir de là. Et j'y serai.

— Tu seras où ?

Je m'étrangle à demi, entre deux palpitations.

— Mais… là où tu seras dans ta nouvelle vie.

— Tu le crois ou tu veux y croire ?

— C'est une évidence !

— Eh bien, je vais te dire ce qui est évident. Tu vas enlever ta main de sur la mienne, tu vas arrêter de proférer des évidences me concernant et tu vas aller te taper une bonne dépression, histoire qu'il en sorte un homme nouveau. Ensuite, tu ne t'approcheras plus de moi, même pour un bonjour. Et je ferai en sorte de ne t'encourager en rien à revenir. Parce que ça faisait un moment que je voulais te dire tout ça, mais je n'en avais pas le courage. Et puis… Tu ne mérites pas tant de colère ! Je suis surtout en pétard contre moi… Mais disparais de ma vie, cherche-toi une fille gentille, qui t'admire, et laisse-moi tranquille.

Dimitri hoquette. Je tremble. Il cherche de la monnaie pour régler avant de partir, je lui fais signe de ne pas s'en tracasser. Il sort.

On est loin de la rupture entre la Princesse de Clèves et le Duc de Nemours.

Il me semble qu'il y a cette réplique entre les deux protagonistes :

« Il n'y a point d'obstacle, Madame, reprit monsieur de Nemours. Vous seule vous opposez à mon bonheur ; vous seule

vous imposez une loi que la vertu et la raison ne vous sauraient imposer.

Il est vrai, répliqua-t-elle, que je sacrifie beaucoup à un devoir qui ne subsiste que dans mon imagination. Attendez ce que le temps pourra faire. »

Comment font les héros de roman pour ne jamais sombrer dans le trivial et le ridicule ?

Je me sens triste et un peu sonnée. Je rentre chez moi et m'allonge sur le canapé en pratiquant un exercice que je domine assez bien : l'auto-flagellation. Sans doute une des nombreuses séquelles d'une enfance à l'eau bénite. Enfin, fatiguée de moi-même, je m'endors.

Je me réveille. Quelques heures se sont écoulées, je suis comme après une cuite : la bouche sèche et la tête douloureuse. Deux aspirines plus tard, je rejoins mon ordinateur comme un naufragé s'empare d'une bouée. Je vois et revois les multiples réunions auxquelles nous sommes assujettis.

Ces cérémonials sont de deux sortes : internes à l'établissement – ils concernent alors le fonctionnement – ou externes, dans un quelconque lycée ou collège de l'académie et généralement sous la houlette d'un inspecteur.

Le premier cérémonial s'apparente à une grand-messe, et c'est ainsi qu'il est souvent désigné par le corps enseignant. Il place les professeurs en situation d'élèves, les instances dirigeantes devenant professeurs. Nous reproduisons une classe, puisque nous occupons les bureaux d'une quelconque grande salle. Et immédiatement, il s'accomplit une sorte de régression dans la masse professorale : certains bavardent de futilités, d'autres dessinent – j'en connais une qui y fit les plans de son futur jardin, là les lavandes, là le romarin… tout en nous demandant des conseils botaniques. D'autres se mettent devant et écoutent avec zèle, bras croisés. Quelques-uns, perclus par l'ennui, inventèrent un jeu lors d'une session particulièrement roborative, semblable à celui pratiqué par les précoces : prendre un mot dans le dictionnaire et le placer le plus possible au cours des échanges et des débats. Je me rappelle que la directrice trouva abusif l'emploi réitéré du mot « superfétatoire ».

Certains prennent fébrilement des monceaux de notes. Que deviennent-elles au fil des ans ? Un épais dossier « Journées pédagogiques » ? Une bûche en papier compressé ? Des avions batifolants ? On touche aux grands mystères divins à regarder une main écrire consciencieusement alors que le directeur énonce quelques aimables platitudes, quand il ne se met pas de manière totalement imprévue – un peu comme le curé en chaire se laisse déborder par son propre sermon – à fustiger l'équipe enseignante pour son manque de zèle :

— Moi j'ai travaillé tout l'été pendant que vous vous faisiez rôtir sur les plages…

Je viens d'arriver dans l'établissement quand j'entends cette affirmation aussi sympathique que gratuite. Je note le pluriel des « plages », rangeant les enseignants dans la catégorie des récidivistes, des nantis et des lézards impénitents. Je nous imagine en train de faire des mots croisés sur une plage paradisiaque, paréo et maillot assortis, tandis que le directeur – comme le pélican meurt pour la survie de ses petits – passe ses vacances en martyr blême de la responsabilité, devant un bureau poussiéreux. On entendra quelques murmures rageurs, qui n'empêcheront nullement ledit directeur de récidiver avec une remarque primesautière frappée du coin du bon sens :

— Je sais ce que c'est qu'être prof, je l'ai été !

Un brouhaha exaspéré monte de la classe, quelques-uns se dressent, la réplique à la bouche :

— Fallait le rester, alors, de quoi vous plaignez-vous ?

Bouche d'or reprend, non sans emphase :

— J'aime le travail et les responsabilités !

Le brouhaha devient vacarme, certains partent furieux, l'insolente instance reste plantée, un vague sourire aux lèvres face à la vindicte populaire. Il me semble même, mais les souvenirs s'embrument parfois, qu'elle a fait une remarque sur notre manque d'humour.

Bien sûr, toutes les réunions pédagogiques internes ne commencent pas par des rituels aussi drôles et animés. La plupart sont comme Waterloo, de « mornes plaines » : on y voit des PowerPoint, avec des flèches qui scintillent ou sautillent, on entend des discours faisant appel aux grandes valeurs de l'enseignement, bref, on s'ennuie à mourir. Est-ce évitable ?

On peut ensuite être dispersé en « ateliers de réflexion », ce qui est parfois un dérivatif à l'impression de vacuité, parce qu'il peut de temps à autre s'y produire de vrais échanges. Néanmoins, les réflexions et autres remarques produites par la base subissent tant de filtres dans leur lente remontée vers une possible concrétisation que l'on peut, pendant une longue carrière, n'en voir jamais l'émergence. Le modèle le plus criant est l'élaboration d'une modification du règlement. Que faire, par exemple, devant l'inflation de l'absentéisme ?

— Je propose de durcir le règlement ! C'est inadmissible de voir les élèves, dans une même matinée, n'assister qu'aux cours de leur choix ! lance Nerfs-de-verre.

— Vaste question ! réplique avec pertinence le CPE, qui possède un stock de réponses dans le genre.

— Mais alors ? Tu proposes quoi ? reprend Nerfs-de-verre, proche de la rupture.

— Ce n'est pas aussi simple que ça en a l'air (autre formule délicieusement commode)… Beaucoup ont un mot des parents…

— Oui, mais des fois, tu nous les envoies après qu'ils sont passés dans ton bureau avec la mention « panne d'oreiller »… Et qu'est-ce que j'en fais, moi, de la « panne d'oreiller » ?

Nerfs-de-verre a des trémolos dans la voix.

— Bon ! Je fais remonter au directeur adjoint ta remarque, reprend le CPE, dépassé par la « panne d'oreiller » et l'impossibilité de la réglementer.

Une discussion de sophistes peut alors – ou pas – s'entamer suivant la hargne, la patience, la bonne volonté ou le sadisme des participants. Il en existe des variantes, dont une récurrente – avec les beaux jours – portant sur la « tenue correcte exigée ». Le mini-short peut-il être porté si l'élève garde des collants en dessous ? Quand considère-t-on que l'on n'a plus affaire à une jupe, mais à une large ceinture ? Quelle différence fondamentale existe-t-il entre tongs et nu-pieds ? Quelle taille doivent faire les bretelles des hauts féminins ? Où commence et où finit le bermuda masculin ? On a le vertige devant ce que peut soulever un simple point de règlement et, bien souvent, la discussion s'englue dans le pinaillage échevelé.

Parfois, par un miracle au moins aussi grand que la multiplication des pains, la remarque de la base entame une lente progression vers la direction, sans qu'aucun obstacle argumentatif ne vienne déranger sa reptation. Il existe bien un spermatozoïde victorieux dans la course à la vie ! Prenons comme exemple le douloureux débat sur les études dirigées au collège qui se font en « moyens constants ». Entendez par là du bénévolat imposé. La base demande qu'on réduise à cinquante minutes les « heures » de cours pour récupérer ce temps utile en fin de journée. Les réponses des instances dirigeantes sont alors variables.

— Ce n'est pas une mauvaise idée, je vais y réfléchir.

Apparemment bienveillant, mais susceptible de provoquer une réflexion trop longue et un enterrement du projet.

— Comment va-t-on faire avec ceux qui n'ont que des temps partiels ? Ne vont-ils faire qu'une demi-heure d'étude dirigée ?

Un peu moins bienveillant et certainement générateur d'une nouvelle discussion de sophistes.

— N'oubliez pas que nous avons des problèmes d'effectif… Si vous commencez à renâcler pour ce petit plus qui vous est demandé, c'est votre emploi qui est en jeu.

Absolument pas bienveillant, voire menaçant, une forme élégante de fin de non-recevoir.

Je ne veux pas dire en cela, par un réflexe paranoïaque,

que toute décision prise par les enseignants est automatiquement sabotée, déformée ou refusée. Ce serait trop simple et cela conduirait à un affrontement permanent qui n'est pas de mise, sauf dans certains établissements. Je parle d'une lourdeur et d'une opacité rampantes dans lesquelles se confrontent deux points de vue : les uns raisonnent en termes d'efficacité, de rapidité, de facilité ; les autres répondent en parlant de survie, de nombre d'élèves et de parents. En somme, l'éternel combat entre la base et les actionnaires.

Le second cérémonial ou rituel pédagogique s'accomplit en présence de l'inspecteur, il s'effectue en externe. Le missionné reçoit une invitation ferme pour un lieu précis, un collège ou lycée de l'académie. On ne connaît pas en général cet établissement, sauf les vieux briscards écumeurs de réunions, et on erre dans une quelconque banlieue de ville moyenne, une feuille sur les genoux avec l'itinéraire imprimé d'Internet.

On tourne et retourne à travers des quartiers pavillonnaires ou parmi des immeubles rébarbatifs, de plus en plus exaspéré par le temps qui passe – va-t-on arriver en retard malgré le quart d'heure de battement que l'on s'est donné ? Lorsqu'on est proche de la crise de nerfs, on arrive généralement devant l'établissement, rouge et hirsute, on cherche l'entrée des professeurs, après avoir laborieusement garé sa voiture. Puis des feuilles fléchées, dans le meilleur des cas, cornaquent le convoqué jusque dans la bonne salle.

L'inspecteur est là, il parle avec des assidus. Enfin, la réunion commence. Il s'agit souvent d'intégrer de nouveaux dispositifs voulus par l'Éducation nationale. Tel un missi dominici, l'inspecteur parcourt le bulletin officiel devant la masse ronronnante qui sait lire le bulletin, mais doit sans doute l'entendre d'un officiel pour pouvoir le faire sien. De temps en temps, un commentaire tombe de l'envoyé de l'Éducation nationale :

— Cela vous semblera difficile à réaliser, mais vous pouvez adapter...

— Il vous est demandé d'en appliquer plus l'esprit que la lettre.

— Nous avons demandé un éclaircissement sur ce point !

Et ainsi de suite pendant quelques heures. Les enseignants se livrent parfois à des remarques acerbes ou posent des questions rhétoriques :

— Ne trouvez-vous pas que nous proposer un tel objet d'étude supplémentaire, alors que nous sommes déjà avec un programme très chargé, relève du défi ?

L'inspecteur balaie ensuite plus ou moins gracieusement la remarque de l'insolent. Quelquefois, entre un zélé et l'officiel peut avoir lieu une discussion byzantine que personne n'écoute.

Je me rappelle avoir été convoquée à une réunion dans une ville de l'académie, soit à deux cents kilomètres de chez moi, parce que les instances voulaient que je sois tutrice d'un professeur débutant. Nous étions peu nombreux, à peine une vingtaine, et nous nous présentâmes comme il est d'usage. Après avoir décliné mon nom et le lycée dont je faisais partie, l'inspecteur me demanda avec un brin d'agacement dans la voix :

— Mais ce lycée est où exactement ?

Comme je déclinais le nom de la petite ville cévenole, il reprit :

— Vous habitez trop loin du lycée de votre future stagiaire. À tout prendre, l'Éducation nationale évite de rembourser, en plus, des frais de déplacement entre les deux établissements. Nous chercherons quelqu'un de plus près…

— Vous voulez dire que je suis venue pour rien ?

— Je le crains…, reprit l'officiel avec le calme de celui qui est au-dessus du bas peuple et de ses contingences de transport.

— Je peux donc rentrer chez moi…, repris-je avec des sanglots de rage.

— Je vous en prie, répliqua Ni-pince-Ni-rire.

Et je refis dans un état indescriptible les deux cents kilomètres qui me ramenèrent chez moi, sans espérer, même en rêve, le remboursement de mes frais de transport.

Quelques autres cérémonials externes prennent place occasionnellement dans la carrière, lorsque l'enseignant demande une formation.

J'avais sollicité l'un de ces rituels, alors que je préparais l'agrégation. Il se tenait dans un lointain lycée aux confins de l'académie, le mercredi. Compte tenu de l'aspect Saint Graal du concours, les cours étaient dispensés par une pléiade d'inspecteurs et je dois reconnaître que ce fut productif, efficace et intéressant. Mais une anecdote s'imposa, fort révélatrice des rapports entre les officiels et le corps enseignant. La formation était, on s'en doute, aride. Nous étions catéchisés par deux inspecteurs, l'un acerbe et batifolant, l'autre froid et technique, un duo rodé dans les jurys de concours. Nous étions bombardés, à juste titre, de lectures utiles, d'exposés aussi précis que secs. À la fin de la formation, l'une d'entre nous voulut sans doute faire un trait d'esprit destiné à détendre l'atmosphère et lança :

— Je crois qu'après le concours, je vais lire toute la collection Harlequin pour me changer les idées !

Quelques rires complices ou nerveux saluèrent la remarque. C'est alors que Morose répondit :

— Ici, c'est moi qui fais de l'humour…

Avec un ton aussi dur que le Grand Erg après un vent de sable.

Le pire est que nous avons tous piqué du nez comme des enfants pris en faute de lèse-agrégation.

La soumission est une vertu trop souvent partagée, venue du fond des âges scolaires ou familiaux, qui se manifeste là où on ne l'attendait pas forcément.

Épilogue

Voilà… J'ai séché mes larmes et essuyé la morve. Dimitri et moi nous évitons consciencieusement. Deniset m'aide à faire le ménage. Plus de roulis, plus de tangage. Le navire est à flot. Ou du moins, il flotte, ce qui est à peu près ce qu'on lui demande.

Je sais qu'on attend de moi que j'accomplisse plusieurs missions qui ne sont pas nécessairement de transmettre un savoir. D'abord, de garder les élèves, à une heure précise et dans un lieu donné, de préférence dans le calme. Si l'on attendait que je leur inculque des notions importantes, on s'alarmerait qu'un quart d'entre eux ne sachent pas lire et écrire en entrant en 6ᵉ. On fait comme si. J'ai l'impression grandissante d'être un escroc, participant à une supercherie généralisée, où tout est bradé au plus offrant : le brevet, le bac, le BTS. Notations forfaitaires tenant compte du naufrage de l'orthographe, moyennes demandées avant même que les copies ne soient corrigées, bienveillance factice. Je ne sais plus ce que je dois évaluer ou ce que je dois prendre en compte.

Qu'on me comprenne bien. Il ne s'agit pas encore une fois de remettre sur le tapis les différents clichés concernant un niveau en perdition. Je ne répète pas le sempiternel « Ils ne savent rien ». Mais je constate qu'un manque d'exigence voulu a conduit à une faillite dont on ne donne pas le nom et que l'on masque. De moins en moins bien d'ailleurs. Et dont les premières victimes sont les enfants des classes défavorisées, pour qui l'institution n'offre plus un ascenseur social égalitaire. Les autres se sortiront toujours de la médiocrité parce que leurs parents connaissent d'autres passerelles que l'école.

Je n'incrimine en rien mes collègues, à quelque niveau que ce soit, qui connaissent presque tous le malaise de faire semblant. Nous sommes des escrocs innocents ou dépassés ou cyniques.

Il est temps pour moi de partir.

À propos de l'auteur

Dans son deuxième livre publié aux Éditions HJ, Marie-Noëlle Garric a tenté d'écrire et de décrire son métier d'enseignante de lettres modernes dans divers collèges et lycées. Elle a voulu également raconter les sentiments croissants d'incertitude qui l'ont envahie, sans prétendre nullement résumer ce qui peut se jouer chez ses collègues. Juste son expérience et ce que ses yeux ont vu et analysé.

Du même auteur

Giroflée : vie et mort d'une sorcière (roman, 2014)

Retrouvez tous les titres et l'actualité des Éditions HJ :

Sur notre site Internet :
http://www.editionshelenejacob.com

Sur Facebook :
https://www.facebook.com/EditionsHJ

Sur Twitter :
https://twitter.com/EditionsHJ

Printed in Dunstable, United Kingdom